D1730490

DIE SCHÖNE
GEWOHNHEIT ZU LEBEN

MARTIN MOSEBACH
DIE SCHÖNE
GEWOHNHEIT ZU LEBEN

Eine italienische Reise

Berlin Verlag

1. Auflage 2010
© 1997 BV Berlin Verlag GmbH, Berlin
Dieses Werk wurde vermittelt durch die
Literarische Agentur Thomas Schlück GmbH, 30827 Garbsen
Umschlaggestaltung: Nina Rothfos & Patrick Gabler, Hamburg
Druck & Bindung: CPI – Ebner & Spiegel, Ulm
Printed in Germany
ISBN 978-3-8270-0934-0

www.berlinverlage.de

INHALT

›Freund,‹ sagte Dian unterwegs zu mir, da ich ihm meine innerste Bewegung nicht recht verhüllen konnte, ›wie kann Euch erst sein, wenn Ihr nach Neapel zurückschauet etwan auf der Überfahrt nach Ischia! – denn man merkts sehr, daß Ihr in Nordland geboren seid.‹ – ›Lieber‹, sagt' ich, ›jeder wird *mit* seinem Norden oder Süden gleich geboren, ob *in* einem äußern dazu – das macht wenig.‹

JEAN PAUL
Titan

DAS KÄLTESTE LAND DER WELT

Prolog

Der junge Mann reiste mit glänzenden Empfehlungsbriefen. Jetzt saß er am Tisch der Dichterin auf einer Dachterrasse in der Nähe der Piazza Farnese. Über ihm wölbte sich ein veilchenfarbener Himmel, um ihn herum saßen würdige ältere Herren, der Maler, der Komponist und der Architekt, die schon seit Jahrzehnten in Italien lebten. Es war so heiß, daß man meinte, feurigen Wüstenwind zu atmen. Der junge Mann war glücklich. »Wie gefällt es Ihnen in Rom?« fragte der Maler, der seine ironische Nachsicht gegenüber jungen Leuten gern durch zeremonielle Höflichkeit tarnte. »Gut«, hätte der junge Mann antworten können. Statt dessen brachen die Dämme seiner Schüchternheit. In die lähmende Hitze ergoß sich der frische Strom seiner Begeisterung. Rom! Die Plätze! Die Steine! Die Obelisken! Die Gärten! Die Kuppeln! Die

Blicke! Wichtiger aber noch: die Menschen! Ihre Herzlichkeit, ihr Enthusiasmus, ihre Leidenschaft! Ihre Wärme!
»Ihre Wärme?« fragte der Maler und zog die Augenbrauen in die Höhe. »Wir müssen unseren Gast hier, vermute ich, aufklären«, sagte die Dichterin. »Er scheint seine eigenen Empfindungen auf das, was ihm begegnet, übertragen zu haben.« Sie sah in die Runde, tauschte mit jedem der Herren einen ernsten Blick, die Herren nickten zum Einverständnis. Der Schleier des Schweigens wurde gehoben.
»Italien«, begann die Dichterin und wandte sich dem jungen Mann wieder zu, »Italien ist das kälteste Land der Welt.«
Der Architekt mit den silbernen Fäden im schwarzen Schnurrbart ergänzte: »Kälte ist hier keine meteorologische, sondern eine geistige, eine sinnliche, eine geschmackliche, eine kulturelle Kategorie. ›Das alte kalte Volk‹ hat Rudolf Borchardt die Italiener genannt. Er hat damit die Neigung zur nüchternen Berechnung, den zynischen Blick auf die irdischen Verhältnisse gemeint, eine illusionslose Weltkenntnis, wie sie einer fast dreitausendjährigen Geschichte angemessen ist. Man könnte von einer welthistorisch bedingten Disposition zur Kälte bei den Italienern sprechen.«
»Nicht in die Tiefe der Zeiten schweifen!« rief der Komponist. »Da ist es zu dunkel!« Seine Stimme war für Augenblicke unhörbar, weil tief unten drei Motorräder durch die Straßenschlucht jagten und einen explosionsartigen Krach verursachten. »Sprechen wir von dieser Gefühllosigkeit dem Lärm gegenüber«, fuhr er fort, »das ist für mich auch Kälte. Das Krachmachen ist eine Betätigung des

menschlichen Egoismus und nicht weiter auffällig — aber das Nicht-unter-Krach-Leiden ist ein Phänomen, das mich immer neu erstaunen läßt. Noch mehr: den Krach gerade zu suchen! Die Angst vor der Stille! Und wenn Sie mir erlauben, den Krach als eine laute Tonlosigkeit zu definieren, dann zieht sich diese Unempfindlichkeit bis in Regionen hinein, die das genaue Gegenteil von Geräuschchaos bilden sollten — in die Musik! Toscanini ist für mich der Inbegriff des italienischen Dirigenten — mit der Dynamik der Motorradfahrer, die mich eben zum Verstummen gebracht haben, hetzt er, scheppernd und krachend, jedes zarte Detail erwürgend, durch eine Mozartsymphonie. Und etwas anderes wird hier auch gar nicht wahrgenommen!« sagte er mit wachsender Bitterkeit. »Nichts haben die großen Pianisten aller Zeiten so gefürchtet wie einen Auftritt in Italien! Die Zerstreutheit, die Indifferenz des Publikums, sein Desinteresse an einer konzentrierten, die Aufnahmefähigkeit fordernden Leistung sind unbesiegbar! Aber dafür strömt das musikverliebte Volk in die Arena von Verona, diesen Reichsparteitag der Oper, singt auf den Rängen die Arien mit und überschüttet, noch während das Orchester spielt, die Diva mit einem Blumenregen, als erwarte jeden, der mit seinem Strauß ihren Busen trifft, eine Freikarte für den nächsten Abend.«

»Was für Sie die Töne sind, ist für mich das Licht«, sagte der Maler begütigend, als gelte es, den Komponisten durch Zustimmung vom Gegenstand seiner Erregung abzulenken. »Jede Erscheinung wird ausschließlich von dem Licht geschaffen, das auf sie fällt. Aber welches Licht fällt in diesem Land auf Menschen und Dinge! Im Norden ist sehnsüchtig oder tadelnd immer vom Schönheitskult der Italiener die Rede. Sind damit etwa die bläulichweißes Licht ausgießenden Neonröhren gemeint, die hier überall die gebräunten Sommergesichter grau und faltig machen? Ob in Wirtshäusern oder Wohnungen – die eiskalte Lichtdusche von der Zimmerdecke läßt alles darunter totenstarr werden. ›Gemütlichkeit‹ ist ein zu recht mißtrauisch betrachteter Begriff – aber soll ›Ungemütlichkeit‹ deshalb ein Ideal werden? Frierend stehen steife Möbel, meist an der Wand aufgereiht, als sollten sie versteigert werden, auf Kachel- oder Terrazzo- oder Marmorböden. Bei den Armen sind die Metallbeine der Plastikstühle insektenartig gespreizt, die Wände können auch zahnpastagrün oder unterwäschehellblau gekalkt sein. Bei der antiquitätenliebenden Bourgeoisie hat der Sakristeienbarock seine Heimat gefunden, grobe, auf Fernwirkung berechnete, vergoldete Stuckschnecken auf Rahmen und Sesseln, die sich dann in hochpolierten Marmorböden spiegeln. In emanzipierten Kreisen speist man in Operationssälen mit Glas- und Stahlmobiliar. Und für wen sind die Renaissancepaläste bewohnbar, wenn nicht für drei Meter hohe Statuen? Eine protzige Kahlheit – das ist die besondere italienische Spezialität. Erst in Italien, umgeben von scharf weiß getünchten Mauern, habe ich verstanden, daß es nicht nur einen calvinistisch-holländischen, sondern auch einen katholischen Puritanismus gibt. Und auf welchen Betten sich die Leute ausstrecken! Erst neulich habe ich in einem Prunkgemach geschlafen, oder besser, kein Auge zugetan. Das Bettgestell war ein reich geschnitzter Barockkatafalk; in ihn hatten meine Gastgeber ein höchst fragiles Camping-

Klappbett gestellt – das ist kein Einzelfall! Es wird ja auch nichts getrunken. Sechs Personen kommen mit einer Flasche Rotwein zum Essen aus, und ohne Essen gibt es erst recht keinen Wein.« Hier sprach ein verwundetes Herz. Mitten in selige germanische Trunkenheit waren offenbar kühle romanische Verachtungsblicke gedrungen und hatten eine ernüchterte Befangenheit erzeugt, an die sich selbst der heitere Maler nur mit Unbehagen erinnerte.

»Sie erwähnen den Marmor«, sagte der Architekt, indem er eine Brücke über die peinigende Erinnerung baute. »Italien – das Land des totesten Marmors, des Friedhofmarmors schlechthin. Aus Carrara, dieser dantesken Höllenschlucht, der wie ein mondgroßer Kuchen brutal zersägten Berglandschaft, kommt jener weiße Stein. Wenn er fehlerlos ist, gleicht er weißer Seife und wird vielleicht gerade deshalb so gern für die Bepflasterung von Badezimmern genommen. Aber auch der italienische Normalfriedhof ist eine Großhandlung für Carrara-Platten. Wenn Carrara altert, wird er schmutzig. Und auf diesem schmutzigen Weiß, in diesen Marmorschrankwänden, Marmorklavieren, Marmorgaragen, den Ossarien, Sarkophagen und Mausoleen, blühen dann kreischend rot und gelb die Plastikblumen, rund um die auf ein Porzellanschildchen gedruckte Photographie der Toten. Dem Inbegriff eines italienischen Grabmals bin ich in einer Bildhauerwerkstatt in Carrara begegnet – ein Cadillac in Originalgröße aus einem Marmormonolithen naturgetreu bis auf die Scheibenwischer und die Schrauben der Radnaben herausgehauen. Das Grabmal war zwar für Chicago bestimmt, aber für einen dort dahingegangenen Italiener – vielleicht für denselben, der in einer benachbarten Werkstatt achtmal den David von Michelangelo hatte klonen lassen, eine nackte Kolossal-Fußballmannschaft, die in der Halle wie in einem Umkleideraum auf ihren Abtransport wartete. Das Lebendigste, was ein Bildhauer bei Carrara-Marmor erreichen kann, ist ein wächserner Leichenton. Der Kult um diesen Stein, diesen italienischsten aller Steine, grenzt an Nekrophilie. Kein Eiseshauch kommt mir bei seinem Anblick entgegen, sondern die Verfrorenheit einer kalt schwitzenden Hand ...« Er stockte im Nachsinnen über noch giftigere Invektiven und bot der Dichterin damit die Gelegenheit, ihn zu unterbrechen – sie hatte schon vor einer Weile ihr Stichwort vernommen.

»Sie tadeln die Plastikblumen – gewiß, sie sind nicht schön, aber sie sind doch weitaus erträglicher als alles, was sie an echten Blumen in einem italienischen Blumengeschäft kaufen können! Ich meine nicht die fast schwarzen Baccarat-Rosen auf meterlangem Stiel, das floristische Pendant zum blankpolierten Steinway-Flügel. Ich denke an die Lieblingsblumen der Nation. Zunächst die Anthurie – der Rhesusaffenpenis, der aus einer roten Lackzunge aufsteigt. Fünfzig Stück davon gelten hierzulande als passende Gabe für jede Kinderkommunion. Dann folgt unmittelbar die weiße Calla – eine Blütentüte aus Wachspapier, die in einen fetten, gurkendicken grünen Stiel übergeht. Vor mächtigen Buketts der Calla werden in italienischen Filmen gern Folterszenen angesiedelt. Aber diese Blindheit gegenüber der Schönheit von Blumen entspricht ja einer Wahrnehmungsschwäche gegenüber der ganzen Natur. Nennen Sie mir große italienische Landschaftsmaler! Landschaften auf den Bildern der großen Italiener sind bloße

Staffagen, Theaterkulissen, die selbst auf der Leinwand kaum leben. Auch hier darf sich die Vorliebe für die Oper austoben. Der Nordmensch seufzt am Golf von Neapel, in der römischen Campagna, unter den Oliven von Fiesole, an den Hängen des Comer Sees – Italienern ist zu diesen Wundern erst unter dem Trommelfeuer der nördlichen literarischen und malerischen Propaganda etwas eingefallen. Und diese Gefühllosigkeit erstreckt sich bis auf die Tiere: Ich verabscheue Hunde, aber den gedrückten, geprügelten, den hündischen Hund mit eingekniffenem Schwanz will ich schon gar nicht um mich haben. Und weil Sie jetzt bereits über mich lächeln – die weibliche Sentimentalität für Blumen und Tiere« – keiner der Herren hatte gewagt, das Gesicht zu verziehen – »will ich das Vorurteil nun auch bestätigen und über die italienischen Weihnachten klagen. Man mag unsere Baumanbetung aus Wotanszeiten, die sich den Wald zur Sonnenwende ins Zimmer holt, ruhig belächeln und braucht die italienische Plastiktanne, einer Flaschenbürste nicht unähnlich und mit glitzerndem Schmuck bis zur Unkenntlichkeit überschüttet, dennoch nicht als urbanes Gegenmodell zu feiern. Aber was erwartet man von einem Volk, das die Opferkerzen in den Kirchen durch Automaten ersetzt hat, die nach Geldeinwurf anspringen, um vor dem Heiligen Antonius drei Minuten lang sechs Glühbirnchen leuchten zu lassen! Auch der Heiligenschein der Immaculata ist durch Birnchen gebildet – das sieht besonders mystisch aus, wenn einige Birnchen des Strahlenkranzes, wie fast immer, kaputt sind.«

»Überall dort, wo der Nordmensch ergriffen und gefühlvoll ist, bleibt der Italiener stumpf und kalt«, sagte der Maler.

»Für einen Italiener sind aber natürlich wir die Kalten!«
rief der Komponist empört. »Wir sind die Rechner, ohne
Sinn für Anmut und Poesie! Die unsinnlichen Barbaren,
die sich ihrer Rohheit schämen müssen!«

»Hat nicht selbst diese Hitze, die heute nacht nicht
weichen will, in ihrer Erbarmungslosigkeit etwas Kaltes?«
Das war der Architekt, der unter dem kritischen Blick der
Dichterin ein Paradoxon wagte.

Der junge Mann sah ratlos von einem zum andern. Der Maler hatte sein Atelier in einer verlassenen venezianischen
Kirche eingerichtet, der Architekt besaß einen Palast in
einem toskanischen Landstädtchen und der Komponist bewohnte ein Kloster an der ligurischen Küste. »Wie können
Sie dann nur hier leben?« Das war eine Frage, aus der ungläubiges Staunen sprach.

»Nur mit dem Blick auf römische Mauern kann man bauen«, sagte der Architekt.

»Erst hier habe ich sehen gelernt!« sagte der Maler.

»Ich höre meine Musik hier in der Luft«, sagte der Komponist.

Die Dichterin schwieg; sie hatte sich erst kürzlich über den
Gegenstand verbreitet und wollte sich nicht zitieren.

Man brach jetzt auf. Alle hatten noch Verabredungen —
zum Abendessen, im Café, zu einem Cocktail, mit einer
Dame.

Unversehens stand der junge Mann allein auf der Straße.
Ein Motorrad raste auf ihn zu. Im letzten Augenblick
sprang er in ein Haustor. So wachte er auf.

Die schöne
Gewohnheit zu leben

Der Golf von Neapel in Sprichwörtern

In memoriam Mariae Salvia

Maria lebt seit achtundsiebzig Jahren auf der Insel Capri und hat noch nie die Blaue Grotte gesehen; sie kennt die Faraglioni, die bizarren Felsenhörner, nur von den Photos, die keineswegs nur die Touristen, sondern auch die Mitglieder ihrer Familie unablässig knipsen, und sie hat auch als junges Mädchen nie den Einfall gehabt, im Meer zu baden. Wenn man ihr glaubt, dann wäre es ihr vollkommen gleichgültig, wo sie lebt, solange sie nicht ihre Gewohnheiten ändern müßte.

Gewohnheit, das ist ein anderes Wort für Leben. Nur was sich wiederholt, kommt Maria bemerkenswert vor. Das Außerordentliche stört ihren Sinn für Symmetrie. Sie will nichts erleben, was sie nicht ausdrücken kann, aber sie will auch nichts sagen, was von ihrem ererbten Erfahrungsschatz nicht gedeckt ist. Deshalb liebt sie Sprichwörter. Was ihr auch widerfährt – sie ruht nicht, bis sie das dazu passende Sprichwort gefunden hat. Es ist, als bilde das Wort ein Gegengewicht zu den Ereignissen. Erst wenn sie es ausgesprochen hat, ist die Welt wieder im Lot.

*

Den Gartenweg kommt Rosita entlang; sie trägt einen Korb Zitronen auf dem Kopf und lächelt siegesgewiß. Es sind gute, pralle Riesenzitronen, großporig wie die Nase eines Säufers, die dicksten Zitronen weit und breit, gereift in warmem Halbdunkel hinter den Strohmatten, die Licht und Wind von den Zitronenbäumen abhalten. Um die Bäume herum ist die Erde geharkt wie in einem Vorgarten; Rosita macht sich viel Arbeit mit den Zitronen, damit sie die besten werden, und sie sind die besten.

Rosita ist braungebrannt wie ein Mann mit harten Händen und schwarzen Fingernägeln vom sauberen Dreck der Gartenerde. Maria ist blaß, allenfalls ein bißchen gelblich, und ihre Hände sind rot und weich, denn sie werden, was immer sie auch nur flüchtig berührt haben, sofort in die Wasserschüssel getaucht, in der eine Zitronenscheibe schwimmt, viele Male am Tag.

In der Küche ist es so dämmrig wie im Zitronenhain. Maria geht leise auf und ab; wer sie sieht, glaubt nicht, daß sie auf der Straße keinen Schritt zu gehen bereit ist. Sie braucht eben ihre Pantoffeln. Sie will gleiten, nicht schreiten. Rosita stampft geradezu, verglichen mit Maria. Die Gläser im Küchenschrank klingeln, als Rosita ihren Korb absetzt. Maria hat das nicht so gerne, sie liebt die Stille. Die Bauern sind grob und brauchen zuviel Platz. Am meisten ärgert sich Maria aber über Rositas Zuversicht. Rosita glaubt ganz offensichtlich, daß sie die einzige Frau sei, die Zitronen zu verkaufen hat. Da steht sie, hält zwei glänzende Zitronen in den braunen Pratzen und strahlt so stolz, als hätte sie die Zitronen soeben geboren. Das wollen wir ihr mal versalzen, denkt Maria. Ihr Gesicht blickt höflich und zugleich skeptisch. Ja, so hätten die letzten auch ausgesehen. Und innen? Völlig saftlos, mit einer matten Säure. Für die Hausfrau sei das nicht schön gewesen. Die Familie sei heikel – sehr heikel! Rosita hört sich das alles mit heiterer Miene an. Mit diesen Mitteln ist ihr Stolz nicht zu kränken. Sie wartet, sie hört zu, sie denkt, aber sie spricht nicht aus, was sie denkt. »*Chi disprezza vuol comprare* – wer verachtet, will kaufen.« Das hätte an ihrer Stelle auch Maria sagen können.

*

Ein Vogel zwitschert im Lorbeerbaum. Dann kracht ein Schuß aus der Schrotflinte. Und jetzt herrscht wieder Stille, vertieft durch Knister- und Raschelgeräusche. Die Sonnengardinen blähen sich im Wind, und das ist genau das, was sie auch tun sollen, denn sie sind frisch gewaschen, damit alles hier einen guten Eindruck macht. Es naht die Zeit der *villeggiatura*, wenn alle Ehemänner aller besseren Familien in Neapel ihre Frau und die Kinder aufs Land und auf die Inseln schicken. Die *villeggiatura* ist teuer, viel zu teuer, sie frißt dem Familienvater die Haare vom Kopf, aber sie muß sein. Hier oben ist man weit entfernt von den Cafés der Piazza, also werden die Quartiere etwas billiger sein. Ein Anwalt hat Interesse bekundet, seine Frau und die schon etwas ältere, leider noch unverheiratete Tochter bei Maria einzumieten; er selbst will immer nur über das Wochenende aus Neapel heraufkommen. »Ein Haushalt mit einer alten Jungfer ist meistens schwierig«, sagt Maria. Sie hat tagelang die Zimmer mit scharfer Salmiaklösung geputzt, die mit Schafwolle gestopften Matratzen sind aufgetrennt worden, die Wolle hat in der Sonne gelegen, ein Mann hat sie mit einer rostigen Maschine neu zerrauft, wieder in die Hüllen gestopft und eingenäht und das Ganze dann aufs neue boutonniert. Mitten im Salon steht ein Bügelbrett, denn die Frau des Anwalts hat am Telephon gesagt, daß ihre Tochter jeden Tag bügelt, um abends im Café einen guten Eindruck zu machen. In der Woche wollen Mutter und Tochter zusammen in dem großen Ehebett schlafen, am Wochenende kann der Tochter ein Drahtbett in einem kleinen Flur aufgeschlagen werden. Alles ist wundervoll vorbereitet, in harter Arbeit nach zahllosen Telephonaten. Und jetzt sind die Leute da – der Anwalt mit silberweißem Haar und straffer Haltung, die würdevolle Matrone in rotem, die magere Tochter in blauem Leinen. Ja, schön, da ist das Bügelbrett, der Kühlschrank, das Drahtgestell, die frisch gestopften Matratzen. Ja, sauber ist es auch; es riecht nach Salmiak. Draußen zwitschert ein Vogel. Es ist still hier.

»Ist es immer so still hier?« fragt die Frau des Anwalts mit kaum verhüllter Angst. »Wenn es hier immer so still ist, werde ich verrückt!«

Alle Arbeit war umsonst. Die Familie ist aus dem drohenden Schweigen der *campagna* in die Sicherheit eines lauten Cafés geflohen. Maria sitzt in der dunklen Küche und denkt an die letzten Tage. »*Una mala nuttata – e la figlia femmina.* Eine schlimme Nacht – und das Kind nur ein Mädchen!«

*

Mario ist Maurer, aber am liebsten steigt er am Wasser zwischen den Felsen herum, löst mit einem scharfen Messer flache Muscheln von den Steinen und sammelt sie in einem kleinen Eimer. Er ist schüchtern und am liebsten allein. Seine Frau Rosita – »Rosita von den Zitronen« – ist zu tüchtig. Sie sieht aus, als ob sie mit ihren Zähnen Nüsse knacken könnte, obwohl sie viel zu vernünftig ist, um ihre schönen neuen Jacketkronen solchen Prüfungen auszusetzen. Gern schickt sie ihren Mann auf die Jagd nach den kleinen weichen Muscheln, dann ist er ihr bei der Arbeit nicht im Weg und kann dennoch keinen Unsinn machen. Der Strand ist einsam, auf dem Mario zwischen den Felsen auf- und absteigt; manchmal versinkt sein Kopf ganz, und dann taucht er weit entfernt zwischen zwei riesigen schwarzen Blöcken wieder auf.

Die blonde Schwedin, die den steilen Pfad heruntergestiegen war, mußte einfach glauben, daß sie ganz allein in der schönen Bucht sei. Als sie sich zu ihrer Badetasche herunterbeugte, um das Handtuch herauszusuchen, hätte sie Marios Kopf hinter einem Felsen hervorgucken sehen können, aber als sie dann den Kopf hob, war er schon wieder verschwunden. Die Schwedin zog ihre Bluse aus und streckte sich auf dem warmen, glatten Stein aus. Sie wollte der Sonne ein Opfer bringen, sie wollte nicht mit sich geizen, sondern sich den ultravioletten Strahlen ganz hingeben. Die Augen hielt sie geschlossen; die Sonne durfte jetzt machen, was sie wollte.

Mario hatte gar keine Kamera dabei, aber er verhielt sich wie ein Photograph. Als suchte er den besten Blickwinkel, umkreiste er die regungslose Schwedin, immer wohlverborgen hinter dicken Steinen, und war sofort verschwunden, wenn sie auch nur etwas tiefer atmete. Einmal klapperten die Muscheln in seinem Eimerchen, und die Schwedin schlug die Augen auf, aber das Schweigen der Felsen, die sie rings umgaben, beruhigten sie schnell. Und sie hätte niemals von Marios Gegenwart erfahren, wenn sie etwas später nicht versucht hätte, in das Motorboot zu steigen, in dem ihre Freunde saßen. Das Boot kam nicht nah genug an die Felsen heran; die Schwedin mußte einen sehr großen Schritt machen und schwankte. Im selben Augenblick war Mario neben ihr und griff ihr rettend mit beiden Händen ans Hinterteil.

Maria staunte überhaupt nicht über den schüchternen Mario, als sie die Geschichte hörte. »Sie war blond, nicht wahr«, sagte sie. »*Un pelo tira più che cento paie di buoi.* Ein solches Haar zieht mehr als hundert Paar Ochsen.«

*

Vor der Insel liegt ein Kriegsschiff auf dem glitzernden Wasser, ein Koloß aus graugestrichenem Stahl, der sich von seiner lichtüberfluteten Folie schwarz und mächtig abhebt. Hubschrauber schweben von seinem Deck in die Luft,

Antennen und Radarschirme stehen turmhoch über den festungshaften Aufbauten. Man darf das Schiff besichtigen; der Kommandant hat angekündigt, daß die Kinder zwischen den Kanonen zum Eisessen eingeladen werden.

Maria blickt von ihrer Höhe auf das Schiff herunter. Es ist größer als das Grand Hotel und die Kathedrale, größer als irgend etwas auf der Insel; erstaunlich, daß das Ufer nicht durch das viele Wasser, was verdrängt wird, überflutet ist. Das ist das einzige, was Maria verwundert. Sie wird sich das Schiff nicht ansehen. Das Schiff, wie es so daliegt, ist ihr gleichgültig; aber sobald sie sich darauf befände, hätte sie Angst, elend zu ertrinken. Wenn das Schiff wieder abfährt, wird es, so groß es ist, nicht einmal ein Loch hinterlassen. Das Schiff ist ein Spielzeug für Männer. Attilio und Franco vom Veteranenverein werden auf das Schiff steigen, für die ist das das Richtige. Beunruhigend ist allerdings, daß auch Marias Enkel unbedingt das Schiff sehen wollen. Man wird doch nicht so herzlos sein, die Großmutter allein auf dem Berg zurückzulassen, Schlangenbissen, Skorpionen, Räubern und Unholden ausgeliefert? Alfredino, einen dicken hübschen Putto, wird man nicht hindern können, aber Valentina mit der hohen Nonnenstirn und den melancholischen Augen muß zu Hause bleiben, da helfen keine Tränen.

»Siehst du, Alfredino muß das Schiff sehen, weil er den *schiocco* hat«, sagt Maria, um tröstliche Einsicht zu vermitteln. *Schiocco* ist ein Dialektwort für Knospe, hier speziell für den Körperteil gebraucht, der Alfredino von Valentina unterscheidet. Alfredino lächelt selbstgefällig, während ihn seine Schwester voll Abscheu betrachtet. »Du mußt dich daran gewöhnen«, sagt Maria. Alfredino verläßt das Haus mit erhobenem Haupt. Er trägt einen Kinderphotoapparat aus buntem Plastik, er wird hundert Bilder knipsen, Eis essen und ein amerikanisches und ein italienisches Fähnchen zum Geschenk erhalten. »Das ist das Leben einer Frau«, sagt Maria. Sie hat die Lust zu trösten ein bißchen verloren. Das Geheule ist doch zu verächtlich. Also Schluß damit.

»*Una donna d'oro non merita un uomo di paglia*«, sagt Maria. »Eine Frau aus Gold verdient noch nicht einmal einen Mann aus Stroh!«

*

»Giuseppina hat ein Herz aus Gold«, sagt Maria, als sich ihre Schwägerin auf krummen, besser: völlig verbogenen Beinen auf einen mühevollen Heimweg begeben hat. Die beiden Frauen haben in der Küche Kaffee getrunken, in nächster Nähe des Herdes, denn Maria ist der Überzeugung, daß der Kaffee, wenn er nicht augenblicklich nach dem Aufkochen getrunken, sondern erst auf die Terrasse oder in das Eßzimmer getragen wird, sein gesamtes Aroma bereits verloren hat. Mit solchen Finessen kennt Giuseppina sich natürlich nicht aus. Woher auch? Sie ist eine Bäuerin, roh, primitiv, ungebildet. Die Bauern wissen nicht zu leben. Sie sammeln Schnecken und Sauerampfer und essen ihre Spaghetti mit Kastanien – eine Ernährung für Wildschweine. Aber das ändert nichts daran, daß Giuseppina herzensgut ist. Warum sind die Beine so krumm? Vom Arbeiten auf dem Feld und im Garten, von morgens bis abends. Dazu war sie ja schließlich ausgesucht worden. Als

Marias Schwiegereltern beschlossen, daß nun auch der jüngere Sohn eine Frau brauche, waren sie aufs Festland gefahren und hatten sich bei der Olivenernte umgesehen. Bei Giuseppina waren ihnen die dicken kräftigen Beine aufgefallen. Sofort wußten sie: das ist die richtige. Arm und stark – was will man mit einer reichen Frau, die Ansprüche beim Essen hat und nicht zupacken kann?

Giuseppina erfüllte alle in sie gesetzten Erwartungen. Sie aß widerspruchslos Spaghetti mit Kastanien, sie schlief sechs Stunden, sie pflegte die hinfällig werdenden Urgroßeltern, Großeltern und Eltern, bekam ihre Kinder, brachte die Kuh zum Decken, stand, solange es hell war, im Garten und harkte und jätete und kam nicht auf den Einfall, von dem zum Verkauf bestimmten Gemüse selber etwas essen zu wollen. Heute ist die Familie wohlhabend; man verbringt den Winter beim Skifahren in den Dolomiten und schickt den kranken Sohn zum Wunderdoktor nach Amerika. Giuseppina aber steht immer noch im Garten, obwohl sie sich nach dem Jäten nicht mehr aufrichten kann. Alle haben sich daran gewöhnt, daß Tante Giuseppina nichts ißt und nichts braucht und den Garten macht.

»Das ist das gute Herz«, sagt Maria. »Was wollen Sie – *con erba molle ognuno si pulisce il culo*, mit weichen Blättern wischt sich jeder den Hintern ab.«

*

Wenn Luigi zu Mittag ißt, hat niemand außer seiner Mutter etwas in der Küche zu suchen. Der sechzigjährige Mann sitzt im Unterhemd am Küchentisch, während Maria in der Nähe des Herdes steht, ihn beobachtet, gebrauchte Teller wegnimmt und neue Speisen aufträgt. Es ist zwölf Uhr mittags. »Luigi ißt mit dem Papst«, sagt Maria. Ihr ältester Sohn ist ihr schwierigster Gast. Reinheit ist sein Ideal, und er weiß, daß man heute auswärts nur selten noch etwas Reines zu essen bekommt. »Woher kommt das Öl?« fragt er. »Von Ugo«, sagt Maria. »Woher kommt der Wein?« fragt er. »Von Mario«, sagt Maria. Das ist die Unterhaltung, viel mehr wird nicht gesprochen.

Maria weiß sich mit ihrem Sohn in der Feindschaft gegenüber Vorspeisen einig. So ein Teller mit Salami, Schinken, Sardinen und Muscheln nimmt den ganzen Hunger weg. Der hochaufgehäufte Spaghettiteller muß aber mit Heißhunger angegangen werden, sonst schmeckt er nicht wirklich. Luigi sieht aus der Ferne zu, wie seine Mutter mit der Zange in den vollen Topf fährt und immer neue Portionen in den Teller fallen läßt. Wenn der dampfende Haufen dann vor ihm steht, beugt er sich darüber und führt mit der Gabel den ersten Spaghettistrang zum Mund; wie mit einer Nabelschnur wird er nun mit dem Teller verbunden erscheinen, bis er alles aufgegessen hat. Maria hat indessen eine Plastikschüssel mit Kartoffelsalat in seine Richtung geschoben; die Kartoffeln sind im Schatten der Weinpergolen gewachsen und schmecken wie Obst, außerdem hat sie Hände voll Basilikum und Knoblauch dazugetan und süße Karotten daruntergemischt. Das ist ein Zwischengericht, von Luigi mit düsterer Gemessenheit verzehrt. Es wird deutlich, daß die Spaghetti ihre Wirkung getan haben. Die Gereiztheit, die bis eben noch das Zimmer beherrschte, ist einem ruhigen Ernst gewichen.

Ein Teller mit Tintenfischen in Petersilie, ein weiterer mit fritierten Scampi und ein Suppenteller mit dem von Tomatensud beträufelten Kopf eines prächtig rot und weiß gestreiften Fischs, dessen riesige Augen starr auf Luigi gerichtet sind, setzen das Mahl fort. Was bleibt, kann sich jeder denken: Käse, Birnen und Pfirsiche und ein kleiner Kaffee. Dann verdichtet sich die Stille. Luigi scheint zu versteinern. Maria sucht leise ihr Schlafzimmer auf. »*Quando lui ha mangiato, ha mangiato tutto il mondo*«, seufzt sie. »Wenn er gegessen hat, hat die ganze Welt gegessen.«

*

Nur die alte Concetta war im Haus, als der Fernsehtechniker plötzlich vor der Tür stand und die Antenne reparieren wollte. Er hat eine Leiter verlangt und ist aufs Dach gestiegen. Die Dachkonstruktion aus den hintereinander liegenden flachen weißen Kuppeln, an denen das Regenwasser so schön abläuft, um dann in die Zisterne geleitet zu werden, hat den Mann dann eine Weile den Blicken der Concetta entzogen. Jetzt sei alles in Ordnung, behauptete der Mann, als er wieder heruntergestiegen war. Das war alles. Concetta verlor über den Vorfall kein Wort. Am Abend kam es dann heraus. Auf dem Fernsehschirm erschien jetzt nur noch ein Zickzackmuster, das von wildem Sturmgeheul begleitet war. Concetta wunderte sich: da sei doch gerade erst der Mann dagewesen. Wer sei dagewesen, fragte Maria im Ton höchster Alarmiertheit.

Jetzt beginnt die peinliche Inquisition. War das etwa so ein Langer, so ein trauriges Fragezeichen? Hatte der etwa vorne schon schütteres Haar? Hatte der etwa die Schultern so schuldbewußt hochgezogen? War das am Ende etwa Glauco?

Auf alle diese Fragen gibt es nur eine Antwort: Ja. Ja, Concetta kann nicht ausschließen, daß es Glauco war, obwohl sie nicht genau weiß, wer Glauco ist. Aber eines hätte sie wissen können: Glauco ist mit Antonella verlobt, Marias Nichte, die sich immer schon und neuerdings erst wieder so unmöglich betragen hat, daß Maria ihre Hochzeit ignorieren wird. Und der Mann dieser Person hat Marias Dach betreten. Und Concetta, die Wächterin des Hauses, hat, anstatt es zu verhindern, noch die Leiter gehalten.

Maria bricht nicht in laute Klagen aus. Dafür ist zu schlimm, was passiert ist. Ihr Haus, ihr Harem, ihr Serail ist verletzt worden. Eine Bresche ist in die Mauern geschlagen. Täglich wacht sie darüber, daß alle Fensterläden geschlossen sind; nicht einmal der Sonne gönnt sie einen Blick in das geheime Familienreich. Daß es ein Verwandter war, der sich da auf dem Dach zu schaffen gemacht hat, ist das allerschlimmste. Glauco weiß jetzt etwas, was Maria, die selbst nie auf dem Dach gewesen ist, nicht weiß. Da fällt ihr die alte Warnung ein, die nun nur noch mehr beunruhigen kann: »*Chi ti sape, ti apre!* Wer dich kennt, der öffnet dich (und dein Haus und räumt alles aus, was darin ist)!«

*

Marias Haus ist durch Pinien, Steineichen, Lorbeergebüsch und eine hohe Mauer von der Außenwelt abgeschirmt, und deshalb überrascht es, wie nah diese Außenwelt in Wahrheit ist. Aus den undurchdringlichen Hecken tönen die Stimmen vorbeigehender Leute manchmal so deutlich, daß man jedes Wort versteht. Dagegen hat Maria nichts einzuwenden; es kann nämlich sehr unterhaltend sein, was die Leute so alles sagen, wenn sie sich unbelauscht glauben. Neulich zankte sich hinter der Hecke ein sizilianisches Ehepaar. Der Mann trug offenbar eine Tüte, die er der Frau nicht überlassen wollte, bis die Frau schließlich zornentbrannt sagte: »Es ist eine Schande für mich, mit einem Mann zu gehen, der eine Tüte trägt!« Wie wahr, wie wahr!

Lästiger ist allerdings, daß auf dem Nachbargrundstück neuerdings eine Gans gehalten wird, als Wachhund wahrscheinlich. Auf dem Grundstück steht nur ein Kaninchenstall, der aus alten Türen, Kotflügeln und Maschendraht zusammengesetzt ist. Im Schatten des mächtigen Pinienschirmes wächst da sonst nicht viel. Die Gans ist ein schönes ausgewachsenes Tier mit hellbraunem Gefieder und hartledernem orangegelbem Schnabel. Sie sitzt hinter ihrem Zaun buchstäblich auf dem Trockenen, denn ihre Umgebung ist so ausgedörrt wie ein Vogelnest, und in ihrem kleinen Napf verdunstet das Wasser in kurzer Zeit. Und so schnattert sie auch dann, wenn es keine Gefahr von den Kaninchen abzuwehren gilt, aus schierer Verzweiflung und so laut, daß Maria kein Mittagsschläfchen halten kann. Maria hat die Tiere nicht gern, man soll ihr mit Tieren aller Art vom Leibe bleiben. Sie versteht aber, daß jemand Hunger hat. In ihrer Umgebung darf niemand Hunger haben. Deshalb steht sie mühevoll wieder auf, macht in der Küche einen Rest Spaghetti auf einem Teller zurecht und geht dann in kleinen Schritten sehr behutsam und schwer

atmend über die vielen kleinen Unebenheiten des Garten-
weges, die im Dialekt *trozzole* heißen. Fauchend stürzt sich
die Gans auf die Spaghetti, der orangene Schnabel schießt
in die Tomatensauce. Und Stille tritt ein, Frieden nach der
Rettung aus Todesnot. Erst als Maria nach langer Wande-
rung wieder an der Haustür angelangt ist, hebt die Gans
aufs neue zu schnattern an, und zwar heftiger als zuvor.

Maria schaut böse in das Dickicht. »*Una donna e una papera
rivoltarono Napoli*«, sagt sie. »Eine Frau und eine Gans machen ganz Neapel verrückt.«

*

Ein Haus ohne Kustoden ist kein Haus. Der Kustode ist das
Stimme und Fleisch gewordene Eigentumsrecht. Seine
wichtigste Aufgabe ist, nach langem, vergeblich scheinen-
dem Klingeln mit mißtrauischem Blick und nur flüchtig
bekleidet, vielleicht auch kauend, am Gartentor zu erscheinen und verständnislos den Erklärungen des Draußenste-
henden zu lauschen. Auch Marias kleine Villa hat eine
Kustodin, aber man weiß bereits, daß Concetta nicht mißtrauisch genug ist. Statt dessen gießt sie die unzähligen
Blumentöpfe, schleppt Wassereimer, überschwemmt die
Terrasse und kneift den Pflanzen in die Blätter, damit sie
schneller wachsen. Für sie ist Marias Villa eine Insel des
Friedens. »Zu Hause hat sie nichts zu lachen«, sagt Maria.
Concetta wohnt in einer Ruine, einem Palast mit stämmi-
gen weißen Stucksäulen, der eines Tages eingestürzt ist; nur
der Küchentrakt blieb heil. »Die Arme!« ruft Maria. »Concetta hatte in ihrem ganzen Leben nicht einen Tag lang

Glück. Als kleines Mädchen half sie auf der Baustelle: Steine auf dem Kopf tragen, zum Strand herunterklettern und Seesand in Säcke füllen und sie dann auf dem Rücken herauftragen, oder kletterte auf den Felsen herum, um ein Taschentuch voll Gras für die Ziege zu schneiden. Der Mann war bös und grausam und außerdem schnell tot. Der Sohn war wahnsinnig, ein kräftiger Kerl, der den ganzen Tag gefressen hat, aber sonst nur auf der Erde saß und sich mit welkem Laub bestreute. Mit vierzig Jahren hat er das erste Wort gesprochen, im Tetanuskrampf: ›Mamma‹, danach war er tot. Aber das schlimmste ist doch die Rattenburg. Die Baronessa, bei der Concetta gedient hat, war arm wie eine Katze, eine Hungerleiderin. Da kam nur Hühnchen auf den Tisch. Aber wenn Lieferanten draußen waren, dann hat es immer geheißen: Concetta, können Sie das bitte bezahlen, das rechnen wir später ab. Die Baronessa ist nach ihrem Bankrott verschwunden; sie hat Concetta zum Schluß Millionen geschuldet! Millionen – das war etwas anderes als heute! Und deshalb weigert sich Concetta, das Haus zu verlassen. Wer das Haus kaufen will, der muß Concetta ausbezahlen – so denkt sie sich das, und sie hat bisher auch tatsächlich jeden Interessenten verscheucht. So lebt sie da, allein mit Ratten und Katzen und Dreck, und wartet auf die Gerechtigkeit. Aber sie gehört nun einmal nicht zu denen, die Glück haben. *Se si mettesse a fare cappelli per i bambini, i bambini nascerebbero senza testa!* Wenn sie den Kindern Mützen machen würde, kämen die Kinder ohne Kopf auf die Welt!«

*

Wenn sich Marias Haushalt um den Tisch versammelt, erfüllt ein eifriges Rätselraten die Luft. Was mag es wohl zu essen geben? Marias Miene ist verschlossen, aber zugleich selbstbewußt. Sie wird nichts verraten, aber sie weiß, daß ihr Publikum hingerissen sein wird. Oder etwa nicht? Wer wird wagen, Einschränkungen zu machen?

Dann öffnet sich der Topf, und es ist jedesmal die gleiche Überraschung: es gibt Spaghetti mit Tomaten. Ein Duft! Ein Geschmack! Die Teller werden Maria entgegengehalten wie bei einer Armenspeisung der Franziskaner. Und dann herrscht das benommene, hingegebene Schweigen, das die Überflutung der Geschmacksnerven mit Knoblauch, Peperoncini und Olivenöl ausgelöst hat.

Wehe, wenn dies Schweigen zu lange dauert! Dann schiebt Maria, die selbst immer nur eine Gabel voll ißt, den Teller weg und sagt in scharfem Ton: »Ich jedenfalls habe gut gegessen.« Wenn das passiert, muß die Tischgesellschaft auf die nächste Mahlzeit warten, um die Scharte auszuwetzen. Es gehört beträchtliche Nervenkraft dazu, um den Spaß zu ertragen, den Pater Antonio jedesmal macht, wenn er nach der Muttergottesnovene zum Essen kommt. »War es gut, Padre?« fragt dann Maria. »Nein, es war nicht gut«, antwortet Don Antonio und befestigt seine Serviette in quälender Ruhe aufs neue in seinem Kragen. »Es war ausgezeichnet!« Wer könnte da lachen? Man atmet auf. Die schwarze Wolke ist noch einmal weitergezogen.

Maria ist es nicht um Unterwerfungsgesten, Schmeichelei, haltlose Komplimente zu tun. Sie will nur, daß die Wahrheit gesprochen wird. Sie fordert Gerechtigkeit. Sie weiß, was sie geleistet hat, und sie erwartet, daß die anderen das auch merken. Wenn sie spürt, daß das Lob ihrer Küche nicht auf den soliden Füßen des Realismus steht, wird sie noch gefährlicher, als wenn es ganz ausbleibt. Einen bestimmten Spruch kann sie schon gar nicht ertragen. »Diese Spaghetti gehen direkt vor den König!« ruft der Neffe Paolo stets nach dem ersten Bissen. »Es gibt keinen König mehr«, sagt Maria dann ärgerlich. »Es gibt nur noch *fetenti*, Stinkende.« Paolo wird von jetzt ab genau beobachtet. Warum nimmt er zum Beispiel keine zweite Portion? »Ich dachte, es käme noch so viel«, stottert er, aber Maria antwortet: »*L' uomo, che disse:* ›*Io pensavo*‹, *ebbe trant'anni di galera!* Der Mann, der gesagt hat: ›Ich dachte … wenn ich gewußt hätte …‹, hat dreißig Jahre Zuchthaus bekommen!«

*

Es ist sonderbar – nicht alle Menschen sind Neapolitaner, rundum gute, großzügige, wohlwollende Wesen »*come un pezzo di pane*, wie ein Stück Brot«, so anständig. Trotzdem kommt Maria mit den Abkömmlingen aller Nationen gut zurecht: mit den Deutschen, die erst so gehemmt sind, aber laut werden, wenn sie etwas getrunken haben, mit den eingebildeten Franzosen, die in dem Wahn leben, etwas vom Essen zu verstehen, mit den kindischen Amerikanern und den buttermilchhäutigen Engländern und ihrem beständigen Sonnenbrand. Nur einer Menschensorte mißtraut sie zutiefst – den Einwohnern des Nachbardorfs, das hinter dem Berggipfel verborgen ist, weil es eben etwas zu verbergen hat. In diesem Dorf herrscht die vollkommene Verwahrlosung. Alle Frauen betrügen ihre Männer, und alle

Männer betrügen ihre Frauen; kein Mensch weiß dort, wer sein Vater ist, und deshalb wimmelt es seit jeher von Geschwisterehen. Was der Inzest nicht schafft, das gelingt der Trunksucht: die Entartung der Population. Aber warum müssen dann alle Putzfrauen der Insel aus dem Nachbardorf kommen?

Die Familie ist seit langem einig: Maria arbeitet zuviel, Maria braucht eine Hilfe. Maria hat aber kein Glück mit diesen sogenannten Hilfen, die erwartungsgemäß wenig hilfreich sind. Kein Wunder bei der Herkunft! »Ich will nicht sagen, daß diese Frauen keine Fähigkeiten hätten«, sagt Maria giftig, »aber ich brauche hier jemanden, der arbeiten kann.«

Das neue Mädchen aus dem Nachbardorf ist eigentlich gar kein Mädchen, sondern ein halber Knabe. Sie hält den nassen Lappen mit ihrem mageren Kinderhändchen schwächlich und unentschlossen. »Du hast wohl noch nie einen Tisch abgewischt«, sagt Maria, die auf dem Küchenstuhl thront und ein Examen abhält; bisher hat das Mädchen nur Minuspunkte gesammelt. »Jetzt mach das und dann mach das«, sagt Maria, guckt zu und schüttelt den Kopf.

Als die Familie dann wieder zusammenkommt, ist das Mädchen längst aus dem Haus. Maria hat sie hinausgeworfen. Nicht nur unfähig war die Person, sie ist schließlich sogar frech geworden. Und was hat sie gesagt? Etwas Ungeheuerliches, kaum wiederzugeben. Die Gläser waren schlampig gespült, und Maria hat verlangt, sie noch einmal zu spülen. »*Commandare è meglio che fottere*«, hat das Mädchen da gesagt. »Befehlen ist schöner als Ficken.«

*

»Das Heiraten ist gefährlich«, sagt Maria. »Wenn sie den Ring am Finger hat, verwandelt sich die Frau, und niemand kann wissen, was dann geschieht. Cataldo ist ein braver Mann, ein Klempner. Er arbeitet von morgens bis abends, hat einen Gehilfen und einen Lehrjungen, raucht nicht und trinkt nicht und spielt nicht; ein Mann vom Typ *casa e chiesa*, Familie und Kirche. Eines Tages kommt die Liebe. Das Mädchen ist Tänzerin bei einer Tarantella-Gruppe, die im Sommer in den Hotels tanzt, da weiß man schon genug. Was er von ihr wollte, das war klar, aber was sie von ihm wollte, das haben wir erst nach der Hochzeit herausbekommen. Nach ein paar Monaten war ein Kind da – wer Cataldo kennt, der läßt sich nichts vormachen. Das Kind war auch bald tot; die Mutter hat sich nicht darum gekümmert. Sie kümmert sich überhaupt um gar nichts, liegt den ganzen Tag im Bett und sieht Fernsehen, und kurz bevor Cataldo zum Essen kommt, macht sie *alla puttanesca*, schnell wie die Huren, die keine Zeit zum Kochen haben, ein paar Spaghetti. Cataldo ist Fremder im eigenen Haus; er stört beim Nagellackieren.«

Marios Frau Rosita ist ein anderer Fall. Sie arbeitet wie ein Pferd, sie spart und verkauft und hält das Haus in Ordnung. Sie hat dreimal Söhne geboren und nur einmal ein Mädchen. Ein Sohn wird Arzt, der andere Rechtsanwalt. Aber dort ist auch etwas faul. Rosita ist krankhaft eifersüchtig. Wenn sie den Verdacht hat, daß eine Frau Mario gefällt, dann wird sie eine Bestie. Im Hochsommer, wenn alles voller Touristen ist, stellt sie sich an der Kirchentür auf und wartet, bis die Frau herauskommt. Und dann geht ein Schimpfen und Schreien los! Rosita schlägt auch zu. Sie nimmt die Handtasche und haut sie der anderen mit ganzer Kraft auf den Kopf. Wer weiß, was Mario danach noch abbekommt. Aber da ist sie taktvoll – er kriegt seine Schläge nur hinter geschlossenen Fensterläden. Kurz und gut: *La donna come un pezzo di carbone – se spento, ti tinge; se rovente, ti brucia*«, sagt Maria. »Die Frau ist wie ein Stück Kohle – wenn sie kalt ist, macht sie dich schwarz; wenn sie glüht, verbrennt sie dich.«

*

Wenn die Mädchen aus Marias Verwandtschaft heiraten, tragen sie Krinolinen, die kaum durch die Kirchentür passen, müssen die Priester den Trauungssegen für die Photographen wiederholen, lassen stolze Väter den Altar mit einem Lilienurwald überwuchern, werden in den schicksten Restaurants Türme aus Langusten errichtet, die Champagnerkaskaden umsprudeln. So muß es sein am Golf, wenn die Dinge ihre Ordnung haben, und Maria läßt sich gern die Photos zeigen und erklären; man muß sie genau kennen, um die leise Verachtung herauszuspüren, die ihr teilnehmendes Lächeln so vollendet verbirgt.

»Wir haben solche Umstände nicht gemacht«, sagt sie dann später. Sie war siebzehn, als sie den düsteren Bauernsohn kennenlernte, den sie sich entschloß zu heiraten. Seine Eltern waren vom alten Schlage und suchten eine Magd für den Hof. Maria aber war seit ihrem zwölften Lebensjahr Zimmermädchen bei einer polnischen Prinzessin, die einen Capri-Fischer geheiratet hatte – sie war für das Feld verdorben. Eine Heirat kam überhaupt nicht in Frage.

»Wir waren Kinder«, sagt Maria voll Stolz. An einem Wintermorgen früh um fünf Uhr erschienen sie in der Kathedrale. Maria trug das schwarze Kleid, das sie sonst mittags zum Servieren anhatte, der gestärkte Kragen des jungen Mannes war viel zu groß, weil er für den Blähhals seines Großvaters gemacht worden war. Die Kirche war dunkel; nur ein paar Kerzen brannten, und die alten Frauen unterbrachen ihren Rosenkranz, um den beiden nachzublicken. Während der kurzen Zeremonie, die nicht etwa in der Kirche, sondern in der Sakristei abgehalten wurde, sortierte der Sakristan im Hintergrund weiße Wäsche in die Schubladen und warf gelegentlich mißtrauische Blicke auf die hochzeitliche Szene. Danach küßte das Ehepaar dem Kanonikus die Hand, leistete Krakelunterschriften im Kirchenbuch und dankte dem Trauzeugen. »Wir haben ihn nicht einmal zu einer Tasse Kaffee eingeladen! Wir wußten nicht, daß man das macht! *Che figura* – was für einen Eindruck haben wir gemacht!«

Nun lebte das junge Paar in größter Armut. In ihrem Zimmer gab es einen Strohsack, einen Stuhl und einen Rasierspiegel. Es dauerte Monate, bis die Schwiegermutter erschien. Aber dann war sie rechtschaffen entsetzt, wie ihr Sohn und seine junge Frau da vegetierten. »Sie konnte sich nicht beruhigen«, sagt Maria, »nun ja, man kennt das: *La galina ha fatto l'uovo e algallo brucia il culo*. Die Henne hat das Ei gelegt, und dem Hahn brennt der Hintern.«

*

Ein- oder zweimal im Jahr wird Maria von ihrer Familie gezwungen, im Restaurant zu essen, hauptsächlich um des nachbarschaftlichen Friedens willen. Unter Zitronenbäumen und einer Weinpergola stehen die Tische; wer auf der Insel spazierengeht, ist entzückt, wenn er auf dieses Gasthaus stößt, aber Maria hat ihre Vorbehalte. Es kommt eben immer wieder der Tag, an dem die Familie den drängender werdenden Werbungen des Wirts nicht mehr widerstehen kann und einen Tisch bestellen muß. Erst verweist der Wirt strahlend auf etwas Köstliches, das heute frisch sei, danach jammert er und nennt die Familie treulos, schließlich grüßt er mit traurigem Blick und tonloser Stimme. Wenn es so weit gekommen ist, sagt Marias jüngster Sohn, ihr Liebling: »Heute abend essen wir bei Edoardo.«

Maria trifft erst ein, wenn ihr Cortège vollzählig versammelt ist. Sie stützt sich auf ihre Enkel und scheint nur mühsam zu gehen. Der Wirt eilt herbei, rückt ihren Stuhl mit unterwürfigem Eifer zurecht und ruft seinem Sohn schallend zu: »Ein Glas Wasser für Donna Maria!«, als befehlige er ein Kellnerheer. Er wird niemals lernen, daß er Maria mit seinem Brimborium nicht blenden kann.

Sieht er, wie müde ihr Blick ist, während er aufzählt, was es zu essen gibt? Es ist eine lange Liste, alles gerade fertig geworden, besonders gut, heute wirklich zu empfehlen. Nun, Maria weiß, dieses Essen erfüllt eine diplomatische Mission. Sie richtet deshalb das Wort an ihren jüngsten Sohn und befiehlt: »Sag ihm, er soll von allem bringen.« Der Wirt verdoppelt seinen Eifer. Maria verfällt in Schweigen. Sie hat geleistet, was von ihr erwartet wurde. Niemand nimmt hoffentlich an, daß sie das Bestellte auch nur anrühren wird. Hin und wieder läßt sie sich von ihrer Enkelin doch eine Gabel reichen. Danach weigert sie sich um so entschlossener, etwas zu nehmen. Der Wirt sieht den beständig leeren

Teller mit wachsender Verdrossenheit. »Mein Magen«, sagt Maria, »ich muß mit dem Öl vorsichtig sein.« Zum Kassieren zeigt sich der Wirt erst gar nicht mehr; er fürchtet wohl, der freundlichen Verve des Empfangs nicht noch einmal fähig zu sein. »Edoardo hat nicht einmal mehr einen Zitronenliqueure ausgegeben«, sagt der jüngste Sohn auf dem Heimweg. »So ist das Gesindel«, sagt Maria, »*il cocchiere ti prende con Eccellenza e ti lascia con >va a fare in culo‹*. Der Kutscher sagt ›Exzellenz‹, wenn du einsteigst, und ›Leck mich am Arsch‹, wenn du aussteigst.«

*

Maria, die große Matriarchin – dabei darf man allerdings nicht ihre ausgesprochene Abneigung gegen kleine Kinder vergessen. Sie selbst hat vier Kinder großgezogen, die sie alle mit der gleichen Bedingungslosigkeit geliebt hat. Aber waren das damals eigentlich Kinder im heutigen Sinne? Der Ehemann bescherte seiner Familie ein, gelinde gesagt, ernstes Leben. »Selbst die Katze hat aufgeatmet, wenn er aus dem Haus ging«, sagt Maria, die dennoch niemand anderen geheiratet haben möchte. Sobald die Kinder laufen konnten, haben sie mitgearbeitet: Sie haben gebügelt und Wäsche ausgetragen, bei den verschiedenen Ernten geholfen, sie haben die jeweils jüngeren bewacht und gefüttert, das Haus in Ordnung gehalten und den Großvater saubergemacht. Nachts schliefen alle in einem Bett; Maria hätte es unerträglich gefunden, die Küken nicht alle um sich zu haben, obwohl es ihr kaum gelang, sich auf dem wimmelnden Lager auszustrecken.

Nein, Maria sieht keine Gemeinsamkeiten zwischen ihren Kindern und deren Abkömmlingen und den Abkömmlingen ihrer Nichten und Neffen, die an den großen Festen zu ihr ins Haus gebracht werden. Die kleinen Herrschaften tragen hochelegante Kostüme, grüßen nicht, sind erst schüchtern und dann laut und machen Maria diese Familienzusammenkünfte zu einer Plage. Sie muß sich überwinden, ihren Urgroßneffen Costanzino überhaupt nur anzusehen: Der Sechsjährige ist angezogen wie Little Lord Fauntleroy, hat fast keine Nase, riesige halb anklagende, halb gierig fordernde Augen und heult sofort, wenn man ihm nicht den Willen tut. »Die Eidechse« nennt ihn Maria; mürrisch betrachtet sie die Kinderzeichnungen, die die stolzen Eltern mitgebracht haben, und sie verläßt den Tisch – »um sich etwas hinzulegen« –, als die Eltern Costanzino auffordern, sich selbst ein Stück Kuchen auszusuchen, bevor die Erwachsenen genommen haben. Die beiden Großnichten sind schon elf, ein hübsches Zwillingspaar, von Maria »diavole«, die Teufelinnen, genannt. Sie erscheinen mit geschminkten Lippen und weisen alles zurück, was schwer und fett sein könnte. So anmutig sie sich auch sonst bewegen – wenn die Teller herausgetragen werden, lassen sie ihre Mütter aufstehen und bleiben eisern sitzen. Wenn alle gegangen sind und das letzte Kind das Haus verlassen hat, sagt Maria – und sie denkt dabei nicht an ihre Zeit als junge Mutter: »*Chi si mette a letto con i bambini, la mattina si trova cacato.* Wer mit Kindern in einem Bett schläft, wacht beschissen auf.«

*

Zwei Wege gibt es, um zum Erfolg zu gelangen: Arbeit und Glück. Maria unterscheidet hier streng. Sie verdankt alles der eigenen Arbeit und ist deshalb ein vorzügliches Beispiel für den ersten Weg. Natürlich hat sie nicht blindlings drauflosgearbeitet, das hätte nichts genützt. Sie ist überlegt vorgegangen. Mit achtzehn Jahren hat sie das erste und einzige Buch ihres Lebens gekauft, das Kochbuch von Artusio Pellegrini, dessen Worte sie wie Offenbarungen zitiert: »Er hat es selbst gesagt!« Ein ganzes Jahr hat sie das Kochbuch abbezahlt; keines der Besitztümer, die die inzwischen schon längst wohlhabende Familie später erworben hat, steht ihr so klar vor Augen wie dieses Buch. »*La cucina vuol vedere la faccia della cuoca.* Die Küche will das Gesicht der Köchin sehen.« Daran hat sie sich gehalten. Sie ist niemals aus der Küche herausgegangen, und dieses Ausharren hat ihr die Meisterschaft und dann auch die verdiente Anerkennung eingebracht. Vom Gipfel des Erreichten blickt sie neidlos zu den Glücklichen, die mit weniger Mühen zum Ziel gelangt sind.

Am meisten Glück hat wahrscheinlich Totò gehabt. Dieser Mann besitzt ein großes Photogeschäft und läßt viele frei herumlaufende Photographen für sich arbeiten, die in Restaurants Erinnerungsphotos für die Touristen machen. Maria erinnert sich an die Hochzeit dieses Mannes; damals war er noch ein Hungerleider und selbst solch ein herumstreunender Kopfjäger. Natürlich mußte Totò ein eigenes Photo von seiner Braut machen, das verlangte die Berufsehre. Um einen schönen Hintergrund zu haben – den Vesuv, Sorrent, das blaue Meer, nußgroße Fischerboote, eine Kumuluswolke wie eine Hochzeitstorte aus Sahnebaisers –, zwang er die ganze Hochzeitsgesellschaft zum Aufstieg auf den zweithöchsten Berg der Insel. Dort gibt es einen Punkt, wo die Felsen dreihundert Meter tief zum Meer abfallen. Man glaubt fliegen zu können, wenn man hinuntersieht. Dorthin stellte Totò seine Braut und betrachtete sie durch die Linse. Und dann bewegte sich plötzlich etwas auf dem Boden; die Gesellschaft hatte eine kleine Schlange aufgestört. Die Braut schrie auf und wich einen Schritt zurück. Toto drückte auf den Auslöser. Die Braut stürzte ins Bodenlose. Aber auf Totòs Film schien sie zu schweben; der Wind war schon unter ihren Rock gefahren, um ihn nach oben zu stülpen, aber ihr entsetztes Gesicht war noch zu sehen. »Das Bild hat Totò sogar nach Amerika verkauft«, sagt Maria. »Ein Glückspilz! *Pure il gallo gli fa l'uovo!* Ihm legen sogar die Hähne Eier!«

*

In Marias Küche findet man den ganzen Tag über immer neue Stilleben, die sich aus dem Fortgang der Vorbereitung für die Mahlzeiten ergeben. Im Fenster, dessen Durchzug die leichte Kühlung schafft, die dem groben Kälteschock des Eisschranks bei weitem vorzuziehen ist, steht eine Schüssel mit Eiern, daneben ein saftiger Petersilienstrauß im Wasserglas. Die Zitrone, die auf dem Brett mit dem schweren Messer zerteilt worden ist, blutet geradezu vor Frische. Ein Lichtstrahl fällt in das gelbe Olivenöl, das im Hals der schwarzen Weinflasche die Berührung des Weins mit der Luft verhindert.

Solche Schönheiten sind niemals beabsichtigt. Sie entstehen nebenbei aus der Arbeit heraus, die keine Dekoration zum Ziel hat, sondern die Ernährung einer hungrigen Familie. Gibt es etwas Höheres, Tieferes, Wirklicheres als das Essen? Maria ist noch nie beim Philosophieren angetroffen worden. Fest steht allerdings, daß die Leitsprüche, unter die sie die Führung ihres Lebens gestellt hat, aus dem Reich der Nahrungsaufnahme, genauer, der Verdauung stammen.

Maria achtet in allen Lebenslagen darauf, »*non fare il pirito più grande del culo* – den Furz nicht größer als den Hintern zu machen.« Das ist keine preußische Devise, kein »mehr sein als scheinen« – im Gegenteil, das heißt »genausoviel scheinen wie sein«. Es geht ihr um die vollständige Übereinstimmung von Innen und Außen, um die Sichtbarkeit ihrer Person, deren Innenleben wie das der aufgeschnittenen Zitrone zutage tritt.

Zugleich vermeidet sie, »*fare piriti a chi ha il culo* – für den zu furzen, der den Hintern hat«. Sie denkt nicht daran, sich in anderer Leute Verhältnisse zu mischen; noch weniger sollten sich andere einfallen lassen, Maria beraten zu wollen. Die Welt hinter der Hecke, die sich um die kleine Villa zieht, ist ein bloßes Geräusch, vielleicht nur ein Gerücht.

Man hat das Lebensgefühl des antiken Menschen »statuarisch« genannt, der einzelne habe sich als Monade empfunden, die, unbeweglich auf freiem Feld stehend, von allen Seiten zu betrachten sei. Das Wort »Statue« jedenfalls wird Maria nicht ungern hören. Vor allem wenn sie sitzt, ist sie aus einem Guß – harmonisch, massiv und fähig, ohne Furcht und Hoffnung das Ende abzuwarten.

*

Wie gelangt der Wein in das Glas der Maria, der großen alten Küchenmeisterin am Golf von Neapel? Zunächst wird eine riesige Korbflasche beim Winzer auf den Schubkarren geladen und dann ganz vorsichtig die kurze Strecke zu Marias Haus gefahren. Einen Wein, der nicht unter ihren Augen gewachsen ist, dessen Reben sie nicht mit Kupfervitriol besprengt hat reifen sehen, von dem sie nicht weiß, wer ihn gelesen und wer ihn gekeltert hat, würde sie niemals trinken. Richtig, da hinter dem Hügel, da wird wohl auch Wein angebaut, aber von dem sollen die Leute krank werden, die in seiner Nähe wohnen. Einmal hat man ihr einen Schluck von diesem Wein angeboten. Was der Winzer damit wohl angestellt hatte? War da vielleicht ein alter Schuh mit ins Faß geraten? Und dann hatte dieser Wein auch für ihren Geschmack viel zu lange auf der Maische gelegen und war tintenschwarz geworden, und er war stark wie für Säufer, sie wurde ganz dumm im Kopf davon. Nie wieder!

Wenn die große Korbflasche im Haus ist, wird sie auf den Tisch gehoben. Auf dem Boden steht eine Flaschenversammlung wie von Morandi, in allen Farben und Formen, mit nicht vollständig abgerissenen Etiketten. Und nun wird umgefüllt: Mit einem Schlauch wird der Wein angesaugt und in eine leere Flasche geleitet, und wenn die voll ist, kommt ein guter Tropfen Öl noch obendrauf und hindert die Berührung mit der Luft.

Wenn Essenszeit ist, muß diese Ölschicht wieder entfernt werden. Dann nähert sich Maria der Flasche wie eine riesige Biene, mit einer gläsernen Saugflasche. Der nach unten weisende Saugrüssel wird in das Öl gesenkt, den nach oben weisenden hat sie im Mund. Das Gemisch aus gelbem Öl und rosa Wein, das sich am Boden der *zuccarola* sammelt, sieht wie eine höchst appetitanregende Salatsauce aus, aber es wird weggegossen. Eine winzige Ahnung von seinem Geschmack bleibt dennoch erhalten, denn es gelingt nie, den Ölfilm vollständig zu entfernen. Hauchdünne Ölaugen liegen auf dem erdbeerroten Wein, die leichte Bitterkeit des Öls verbindet sich mit der erdigen, saftigen Frische, die so arglos und so anmutig ist wie ein Kind. Und tatsächlich wird der Wein auch nicht alt. Gegen Weihnachten ist der neue Wein fertig. »*San Martino — ogni fust' è vino.* An St. Martin ist jedes Faß Wein.« Aber er hält kaum bis zum nächsten Weihnachten — »und das wäre etwas, ein Weihnachtsessen mit gekauftem Wein!« Aber es ist nicht diese Sorge, die Maria so maßvoll mit dem Wein umgehen läßt. Ein halbes Glas mittags und ein halbes Glas abends, das ist genug. Der Wein ist ein Gewürz, er ist ganz auf das Essen bezogen. Man leckt ja auch kein pures Salz, wenn man keine Ziege ist. Mit Wein den Durst zu löschen ist ein Einfall der Barbaren. Die armen Geschöpfe in ihren Holzhäusern, von ewigem Schnee umgeben! Da kann einem schon der Verstand abhanden kommen.

*

Der Mann ist das herrlichste Lebewesen der Welt, und die Frau ist die Eigentümerin des Mannes. So sieht Maria die Rollen der Geschlechter verteilt. Das Wichtigste, das über eine Frau gesagt werden kann, das ist die Zahl ihrer Söhne. So viele Söhne, so groß die Macht. Die Herrschaft über den Ehemann ist etwas Notwendiges; sie gehört zum täglichen

Überleben. Es ist keine Lust dabei; es kann sogar ein schales Vergnügen werden. Aber in der Herrschaft über die Söhne liegt ein andauernder Triumph verborgen. Die Söhne werden älter, und die Mutter wird älter und die Herrschaft immer sicherer.

Deshalb ist die Warnung vor den Frauen, die Maria vor ihren Söhnen immer aufs neue ausspricht, ohne jede Berechnung. Sie weiß längst, daß keine Frau ihre Herrschaft je gefährden könnte, und sie besitzt die Offenheit der Mächtigen, die um ihre Macht nicht zittern müssen. »Alle Frauen sind schlecht«, sagt Maria und blickt ihre Zuhörer mit herausfordernder Ruhe an. »Alle.« Alle? Wirklich alle? Ihre gehorsame Tochter, deren Leben ganz im Dienst an der Familie aufgeht, die von morgens bis abends putzt, wäscht, bügelt und kocht und die niemals ein ungeduldiges Wort über ihre Lippen läßt, sieht vom Putzeimer auf, läßt den Lappen sinken und nickt langsam und ernst; sie gibt ihrer Mutter recht. Das sich ausbreitende Schweigen unterbricht der Lieblingssohn. Er springt auf, zeigt mit ausgestreckter Hand auf seine Mutter und seine Schwester und ruft mit Leidenschaft: »Sie wissen es selbst!«

Aber Söhne muß man eben haben. Padre Antonio, der immer die Novene vor Mariä Geburt hält und nach der Messe in dem Wallfahrtskapellchen zum Essen kommt, wird streng ausgefragt. Mariä Geburt heißt das Fest; da liegt es nahe, über die Familienverhältnisse der Heiligen Jungfrau zu sprechen. Das wievielte Kind ihrer heiligen Eltern sei die Muttergottes denn gewesen? Das einzige, sagt Padre Antonio, die Muttergottes habe keine Geschwister gehabt. Maria schüttelt den Kopf. Sie hat den Heiligen Joachim und die Heilige Anna bisher für achtbare Leute gehalten. Und jetzt kommt es heraus: nur ein Kind und auch noch ein Mädchen. »*Brutto fatto*«, sagt Maria. »Schlimm.« Aber das Kind sei doch immerhin die Madonna gewesen, sagt Padre Antonio. Maria wiegt den Kopf und antwortet: »*Meno male*, wenigstens das!« Aber überzeugt ist sie nicht.

*

Vorsicht mit fremden Leuten! Das ist eine von Marias erprobten Lebensregeln. Fremde Leute können dem anständigsten Menschen einen endlosen Ärger bescheren. Wer wüßte das besser als der inzwischen hundertzweijährige, ehemalige faschistische Bürgermeister von Capri, der seine vierzig Jahre jüngere Maitresse nie geheiratet hat und deswegen von jedermann respektvoll der »Signorino«, der »junge Herr«, genannt wird. Ihm verdankt die Insel ihren Hafen, denn als Mussolini bei einem Besuch in seiner unnachahmlichen Erhabenheit aussprach, daß die Insel eine Gnade erbitten dürfe, hatte der Signorino in ebenso großartiger Einfachheit geantwortet: »Duce, geben Sie uns einen Hafen!« Nach dem Krieg wollte sich dann niemand mehr an diesen klassisch lakonischen Dialog erinnern, obwohl der Signorino ihn oft zum besten gab und das Kinn herunterdrückte, um ein Doppelkinn zu erzeugen, wenn er die Rolle des Mussolini sprach. Jetzt wurden ihm Taten von Leuten aus Rom, die er gar nicht kannte, zum Nachteil angerechnet.
Aber auch der Marchese, der auf der wasserlosen Insel nach Wasser suchte und versprach, einen tiefen Brunnen zu boh-

ren und Capri endlich vom knappen Zisternenwasser unabhängig zu machen, hatte kein Glück mit fremden Leuten. Während die Arbeiter bohrten und bohrten und kein Wasser fanden, lud der Marchese jeden Tag zwanzig Gäste an seinen Tisch, um den kommenden großen Gewinn zu feiern. Das waren herrliche Gelage! So wie das Wasser einstmals sprudeln würde, so flossen jetzt schon der Champagner und die gutgelaunten Gespräche. Die Flasche bitteren, trüben Wassers, die nach einem Jahr Bohrarbeiten dem Marchese gebracht wurde, war alles, was er in Capri zurückließ, als er die Insel eilig verließ. Und jetzt erinnerte man sich nur noch an die offenen Rechnungen, die schönen Gastmähler waren vergessen. Maria hat das nicht überrascht. Sie weiß, daß Familie nicht immer erfreulich ist, aber jedenfalls ein besserer Umgang als fremde Leute. Parteien und Vereine sind etwas für Selbstmörder; Leute, die sich außerhalb ihrer Familien bewegen, sind entweder von ihren Instinkten verlassen oder führen Unsauberes im Schilde. Selbst ihren Enkeln rät sie, den Umgang mit den Schulfreunden nicht allzusehr auszuweiten. »*La compagnia porta l'uomo alla forca e la donna al bordello*«, sagt Maria. »Umgang mit fremden Leuten bringt den Mann an den Galgen und die Frau ins Bordell.«

*

Maria ist nicht prüde, aber sie verachtet die Jagd der Männer auf die Frauen. Was werden sie da schon finden? Haben die Armen keine Augen im Kopf? *Una brava donna*, eine anständige Frau, dafür interessiert sich natürlich kein Mann.

Maria hat genau vor Augen, welche ihrer Geschlechtsgenossinnen das meiste Glück bei den Männern haben. Sie sitzen den ganzen Tag auf der Piazza unter den Schirmen des Gran Caffè und trinken süßes und kaltes Geschlabber. Der eine Typus ist braungebrannt, blondgefärbt, mit vor Magerkeit stark hervortretenden Schlüsselbeinen, unförmigem Schmuck und nur einem Hemdchen bekleidet, das gerade den Beginn der Oberschenkel berührt. Der andere Typus ist füllig, rotgefärbt und milchblaß, mit dicken Aquamarinen oder tropfenförmigen Korallen behängt und quillt aus einem engen, bunten Seidenkostüm. Aber beide haben etwas gemeinsam: sie sind zum dritten Mal verheiratet und haben aus jeder Ehe zumindest ein Haus herübergerettet. Maria glaubt aber nicht, daß sie jemals satt sein werden. Deshalb nennt sie diese Damen *culaperte* – *culo* heißt das Hinterteil und *aperto* heißt offen, offen für Vermögenswerte, solange noch Leben in ihnen ist.

Wie ehrenvoll ist, so glaubt Maria, demgegenüber der zu Unrecht verachtete Beruf der Hure. Sie denkt an Gabriella, eine rundliche Fünfzigerin mit kurzen Beinen, die fünf Kinder großgezogen hat, und zwar ohne daß ihr die Väter dabei besonders zur Seite gestanden wären. Gabriella arbeitet vormittags bei der Assistenza sociale; sie besucht als Fürsorgerin alte Leute, macht ihnen die Einkäufe, putzt ein bißchen – »vom Putzen versteht sie natürlich nicht soviel«, sagt Maria einschränkend –, hilft auch beim Waschen und anderen delikaten Verrichtungen und empfängt in ihrer freien Zeit die immer gleichen älteren Junggesellen und Ehemänner, die sie in den Kreis ihrer Gewohnheiten aufgenommen haben. Wenn Maria von Gabriella spricht, erinnert sie stets an die Geschichte von der kargen sparsamen Betschwester und der tüchtigen braven Hure, die zusammen vor dem Tor des Paradieses eintreffen. Petrus schickt die Betschwester weg, die Hure aber darf in den Himmel, denn »*il paradiso non è fatto per i pisciatori* – das Paradies ist nicht für die Pisser gemacht.«

*

Wenn Maria nach dem Abendessen gespült und den Küchenboden geputzt hat, nimmt sie aus dem Geschirrschrank zwei kleine Espressotassen mit Untertassen, legt Löffelchen dazu, stellt die Täßchen samt einer Zuckerdose auf ein kleines Plastiktablett, dreht die Tassen mit der Öffnung nach unten, damit kein Staub hereinfällt, und stellt das Tablettchen auf den saubergewischten und sonst völlig leeren Küchentisch. Dann geht sie ins Bett. Der nächste Tag ist vorbereitet. Aus diesen Täßchen wird sie am nächsten Morgen zusammen mit ihrem Lieblingssohn jenen bitteren, süßen, heißen, schwarzen Schluck Kaffee nehmen, ohne den kein in Neapel geborener Mensch den Tag beginnen kann.

Vorbereitungen sind Marias Leben. Wenn sie nicht ißt oder schläft, bereitet sie vor. Aber es sind immer nur die unmittelbar bevorstehenden Ereignisse, denen sie sich zuwendet. Ihr Planen ist stets nur auf die nächste Mahlzeit gerichtet. Eine Mahlzeit ist eine große und ernste Sache. Der Mensch muß viele Dinge tun und tut sie nicht, aber vom Essen kann er sich nicht dispensieren. Ein Mittagessen ist etwas anderes als ein Abendessen – die beiden unterscheiden sich wie Suppe und Pasta. Maria bereitet jede Mahlzeit vor, als sei sie die erste, die letzte und die einzige, so wie der Priester die Messe lesen soll. Der Schrecken hat für jeden Menschen ein anderes Gesicht. Maria erschrickt nur, wenn sie sich vorstellt, es schlage ein Uhr, die Familie sei versammelt, und kein Essen stehe auf dem Tisch.

Wie leicht wiegen angesichts solcher Pflichten die Überlegungen, denen sich die jüngeren Mitglieder der Familie neuerdings hingeben. Sie grübeln nach, ob sie Psychologie oder Mathematik studieren, ob sie auf dem Weg nach London in Brüssel Halt machen, ob sie ein Konto in der Schweiz oder eines auf den Bahamas anlegen, ob sie das Boot verkaufen und eine Wohnung behalten oder die Wohnung behalten und das Boot verkaufen sollen. »*Mamma, Zia, Nonna*, was meinst du dazu?«

Maria bereitet gerade das Abendessen vor. »Wann soll das denn sein? Wann willst du das denn tun?« fragt sie, während sie eine Handvoll Knoblauchzehen in den Topf wirft. »Im nächsten Jahr! In der nächsten Woche! Morgen vielleicht schon!« Morgen! Und wir haben noch nicht einmal zu Abend gegessen, wir haben noch nicht geschlafen und den morgendlichen Kaffee nicht getrunken. Was soll man da entscheiden? »Warte noch«, sagt Maria. »*Sopra il morto canteremo l'esequie.* Wenn die Leiche da ist, werden wir das Requiem singen.«

*

»*Il tempo passa e la speranza muore.* Die Zeit verstreicht und die Hoffnung stirbt«, sagt Maria und vergnügt sich selbst an ihrem Spott. So pathetisch drücken sich eben die Leute aus, die Hoffnungen haben. Nichts Lächerlicheres als Hoffnungen! Der Lauf des Lebens ist eisern vorgeschrieben. Wer nicht alt sterben will, muß sich jung verbrennen lassen. Hoffnungen für die Zukunft? Man möge sich freuen, wenn sie dem Heute gleicht. Das Heute aber ist nichts anderes als der frischeste Ausdruck dessen, was immer da war. Wer das weiß, der versteht zu leben.

COMMEDIA DELL'ARTE

Ein Dialog

DER KENNER:

Die Commedia dell'arte ist vor allem pantomimisches Mas-
kentheater, ein spätes Kind der Antike, ein Nachkomme des
Satyrspiels, der Saturnalien, des Aristophanes, sogar der
dionysischen Mysterien mit ihrem Ziegenbockgemecker ...

DER SCHAUSPIELER:

Die Commedia dell'arte ist vor allem ein Kind Italiens, geboren aus dem Krach und dem Geschrei, gezeugt in über-
völkerten, schmutzigen Städten im Bett der von aller Poli-
tik und Geschichte vergessenen armen Leute!

DER KENNER:

Zwei kleine Bilder von Antoine Watteau aus der Sammlung
König Friedrichs des Zweiten von Preußen: »Die Liebe in

der französischen Komödie« und »Die Liebe in der italienischen Komödie«. In der französischen Komödie herrscht
heller Tag; die Gesellschaft der Schauspieler lagert sich um
ein Stück Parkarchitektur und tut, als höre sie dem Dialog
des Liebespaars nicht zu. Der junge Mann in einem malerischen Jagdkostüm und das junge Mädchen in einem Kleid
aus glänzendem Satin stehen sich gegenüber, als wollten sie
einen kunstvollen Schreittanz beginnen: Sie sprechen à la
Marivaux, ein kompliziert galanter Zank, ein liebenswür-
diges Einander-Mißverstehen, ein Anziehen und Abstoßen
nach den Kommandos eines psychologischen Tanzmeisters.
In der »italienischen Komödie« ist es Nacht; ein Feuer und
Fackeln beleuchten die Komödianten und maskieren die
Gesichter mit ausdrucksvollen Schatten. Die ganze Kom-
panie schaut dem Betrachter lächelnd ins Gesicht; hier gibt
es keine Haupt- und Nebenrollen, hier ist die Liebe nur das
Schwungrad, das die große Komödienmaschinerie in Bewegung versetzen wird. Die »italienische Komödie«, das
ist die Commedia dell'arte. So nannte man im 18. Jahrhundert, als diese Kunstform schon fast wieder verschwand,
das Satyr-Masken-Improvisationstheater, dessen Wurzeln
in die Antike reichen und sich dort mit der erhabenen
Tragödie verbinden – keine Tragödie ohne ein grotesk-
unflätiges Nachspiel.
In der Renaissance und im Barock sind diese Nachspiele in
Italien noch einmal zu einer Hochblüte gelangt. Die antiken Charakterfratzen belebten sich neu. Italien war in den
Händen ausländischer Mächte und würde, so schien es, niemals zu nationaler Einheit gelangen. Da schufen die Schauspieler der Commedia dell'arte auf ihren provisorischen

Bühnen ein vereintes Italien. Jede Maske sprach einen anderen Dialekt, jede Figur repräsentierte eine andere Region mit ihren lächerlichen, verächtlichen und heiteren Aspekten. Und auch heute noch, wo die Commedia dell'arte als volkstümliches Ereignis längst untergegangen ist, leben ihre Figuren in der Erinnerung der Italiener und unter anderen Namen in der großen Literatur weiter.

DER SCHAUSPIELER:

Nein, man muß bei den Grundsubstanzen beginnen, wenn man das Wesen der Commedia dell'arte schildern will. Wenn man beschreiben will, woraus die Spaghetti bestehen, dann beginnt man nicht bei der Tomatensauce, sondern bei Wasser, Salz und Grießmehl, woraus der Teig der Pasta geknetet wird. Die Dialekte sind wichtig für die Commedia dell'arte, aber sie gehören, um im Bilde zu bleiben, schon zur Tomatensauce. Die Dialekte sind außerdem der historischen Wandlung unterworfen; auch in Italien schwinden sie dahin unter der Dauerkanonade einer toten Fernsehsprache, der sich die Nation ebenso lustvoll hingibt wie alle anderen europäischen Länder. Die Grundsubstanzen aber sind ewig, sie sind von den Veränderungen der Geschichte unabhängig wie Wasser, Mehl und Salz. Wichtiger als das, was gesagt wird, ist immer schon gewesen, wie es gesagt wird. Wichtiger als der Text und der Dialekt des Stücks sind die Stimmen, die ihn sprechen.
Heiserkeit ist ihr erstes Merkmal. Die Stimmen sind angestrengt, erschöpft, von unablässigem Gebrauch jeder Modulationsfähigkeit beraubt. Sie reden Tag und Nacht. Sie wenden sich an ein Gegenüber, aber sie beziehen die ge-

samte Menschheit ein. Alle sind vor diesen Stimmen zur Zeugenschaft aufgerufen.

Erinnert man sich der Stimme der Callas? Nicht der strahlenden Höhenlage, sondern der rauhen, der erschreckenden Tiefen! Wenn die Callas als Tosca dem gemeinen Barone Scarpia den Brieföffner in die Halsschlagader stach und mit der Klinge in der Wunde herumrührte, bis der Schuft zu zucken aufhörte und das Glas, das seine Hand umkrampfte, auf den Boden fiel, dann sang sie nicht mehr, dann röchelte sie ein schauriges »*Muori! Muori!*«. Das waren Laute, die aus einem Erdschlund zu dringen schienen. Wie unendlich weit steht die Callas, diese einzigartige Künstlerin, über der zerlaufenen Frau mit dem kräftigen Schnurrbart im Pfannkuchengesicht, die sich in der fettigen Kittelschürze in einer lichtlosen neapolitanischen Gasse aus einem Fensterloch beugt und nach ihren Kindern schreit. Aber diese düstere, heisere Rauheit, diese Ausgeschrienheit der tiefen Lage, das Husten, das Gurgeln und das Größte, die Kraft – diese Qualitäten in den Stimmen derart voneinander entfernter Geschöpfe berühren sich, jedenfalls wenn die Callas »*Muori! Muori!*« ruft. Die Callas hat mit der Commedia dell'arte nichts zu tun, sie streift diese Sphäre nur in einem solchen Moment. Aber die Schnurrbärtige, die Mutter vieler Kinder, deren Ältestes schon die Vorteile des offenen Strafvollzugs genießt, während das Jüngste noch an ihren Brüsten hängt, verfügt immer und in jeder Stunde über die Stimme der Commedia dell'arte. Wie ein wackliger Karren, der in höchster Geschwindigkeit über unebenes Pflaster geschleift wird, rattern und rumpeln die Wörter in nicht abreißendem Strom dahin. Die Frau braucht den Wortstrom wie in ihrem

Innern den Blutstrom zum Weiterleben. Sie wiederholt sich, sie sagt immer wieder dasselbe, denn es geht ihr um das Staccato, die Wörter sind bloßes Lautmaterial. Dann beginnt sie unversehens zu heulen, der harte Rhythmus mündet in langgezogene Laute, durchdringend und dabei ganz trocken, zugleich anschwellend und tonlos, denn die Stimmbänder geben längst keine Schwingungen mehr her. Und nun antwortet eine andere Stimme aus der Nähe, aber wiederum mit einem Aufwand, als gelte es, ein weites Bühnenrund zu füllen. Die erste hört deshalb nicht auf, die beiden Stimmen verflechten sich zu einem heiseren, heulenden Duett. Beide Stimmen liegen eher hoch, aber das Alter, ja auch das Geschlecht ist kaum zu bestimmen. Es sind Maskenstimmen. Sie dringen aus starren Gesichtern, und sie sprechen Vorgefertigtes, Feststehendes, schon unendlich oft in tausend Lebenslagen Gesprochenes. Das Rufen und das Debattieren, das Schimpfen und das Klagen, das Höhnen und das Flehen, das Murmeln und das Singen sind in diesen Stimmen ununterscheidbar. Triumph und Verzweiflung werden hier mit demselben Hämmern vorgetragen. Man sieht sich beim Sprechen nicht an. Mit ganzer Menschenkraft schreit ein ruiniertes Organ, als gehöre es einem Tauben, der angstvoll und vergeblich ein Echo seiner Stimme erzeugen will. Ob es wirklich noch andere Wesen auf der Welt gibt? Vielleicht sind das drumherum nur Schatten? Vielleicht ist man längst vollkommen allein.

DER KENNER:

Drei Figurengruppen kennt die Commedia dell'arte: die Diener, die Alten und die *amorosi*, die Liebespaare. Der

Berühmteste unter den Dienern ist gewiß Arlecchino, dessen einstiges buntes Flickengewand zu dem allseits bekannten, in die Malerei eingegangenen wattierten Trikot aus blauen und roten Rhomben geworden ist. Arlecchino ist ein aus seinem Heimatdorf bei Bergamo fortgelaufener Bauernbub, der nun in den Wirtshäusern der großen Städte herumlungert und, wenn er Geld braucht, bei reisenden Herrschaften den Lohndiener macht. Ein Diener, mit dem jeder Herr gestraft ist – kein Bösewicht, aber ein gefräßiger, dummdreister Faulpelz, der für ein Stück Mortadella in jene wirbelnde Bewegung gerät, die er sonst als bloße Zappeligkeit nur vortäuscht. Ein Wortverdreher, ein beständiger Erfinder, Verursacher und Nutznießer von Mißverständnissen. Unmöglich, seine Wahrnehmung auf etwas Wichtiges zu konzentrieren; an seinem Gegenüber scheint er nur den Fleck auf der Jacke, die Fliege auf dem Hut, die Warze am Kinn sehen zu können. Was er eigentlich will, bleibt so dunkel wie bei einem kleinen Kind. Die Vorteile seiner Betrügereien sind meist klein, und oft ist sein Betrug *l'art pour l'art*. Arlecchino treibt in Verzweiflung, nicht in Wut, denn er hat Anmut und Charme, aber es kommt manchmal der Augenblick, in dem seine pausenlosen Wortverdrehungen jeden Sinn zu vernichten scheinen. Dann wird seine gefährliche Verwandtschaft plötzlich sichtbar. Arlecchino, der Bauer: in der urbanen Kultur des Mittelmeeres gebraucht man für Bauer und Heide dasselbe Wort. Und wo die Heiden sind, ist auch der Teufel nicht weit – nicht Satan persönlich, aber doch die Satyrn und Priapen, die zu Unterteufeln geworden sind. Bei Dante peinigt ein Teufel namens »Alichino« die Verdammten mit einer langen Gabel. Beim Arlecchino offenbart eine große Warze auf der Stirn seiner schwarzen Ledermaske ein abgeschliffenes Teufelshorn, und auch die grotesken Lachfalten zeugen von einem unbarmherzig sarkastischen Vergnügen an den Schwächen der Menschen, die sie immer wieder straucheln lassen. Der zum Herrschen und zum Gehorchen gleichermaßen unfähige Arlecchino stammt aus dem Geschlecht des großen Durcheinanderwerfers. Als er auf dem Theater die schwarze Ledermaske abnahm, zeigte sich darunter ein anderer bedenklicher Diener: der elegante, ironische Mephistopheles.

Aus derselben Region wie Arlecchino, nur etwas weiter nördlich, aus den Voralpen, stammt die zweite Dienergestalt: Brighella. Brighella trägt dicht mit Tressen besetzte lange Hosen und ein dazu passendes Wams. Auch er ist ein Lohndiener, aber nicht wie Arlecchino Anarch, sondern in all seinen Gedanken auf den Herrn bezogen. Man hat Brighella einen Demokraten genannt und damit der Demokratie kein Kompliment gemacht, denn der wesentliche Antrieb Brighellas ist der Neid. Auch er kann spielerisch, einfallsreich und witzig sein, aber niemals zum eigenen Vergnügen. Seine unterhaltsamen Künste exerziert er, um Geld zu verdienen; Geld verdient er, um zu sparen. Weil ihn der Haß auf den Herrn innerlich fast verzehrt, hat er sich nicht immer in der Gewalt. Plötzlich werden seine Späße hämisch, seine Intrigen gemein, seine Witze grausam. Der urbane Lack, den der Umgang mit städtischen Herrschaften über sein älplerisches Wesen gezogen hat, ist sehr dünn. Die Bewohner der Alpentäler in Tirol und Graubünden, die von den großen Handelsstraßen durch-

zogen waren, sind harte, trockene Geschäftsleute geworden, die nur so lange höflich bleiben, wie gezahlt wird.
Wenn er es sich leisten kann, wird Brighella plump und sogar brutal. Sein Traum ist es, eines Tages auf eigenen Füßen
zu stehen und das Dienen von einem Stand in eine kom-
merziell nützliche Ware zu verwandeln. Das Geld, das er
unterschlägt, wird ihm zu einem großen Wirtshaus verhel-
fen. Dort wird er selber Diener haben, aber dem gnade
Gott, der sich in Brighellas Dienste begibt. Er weiß
schließlich am besten, wie das Bedientenpack sich beim
Lügen und Stehlen anstellt. Das Ende der Commedia
dell'arte überlebte Brighella als Figaro und Leporello, in
unserem Jahrhundert geschönt und veredelt als der Knecht
Matti des Herrn Puntila.

DER SCHAUSPIELER:
Vom Geld ist unaufhörlich in der Commedia dell'arte die
Rede, aber Geld hieß für die Armen vor allem Essen. Die
Speise, die für die Commedia dell'arte wahrhaft konstitu-
ierend ist, sind die Spaghetti. Ein Haufen Spaghetti bietet
zunächst das vollendete Bild von den Handlungsabläufen
und Verwicklungen der Commedia dell'arte: eine Verwir-
rung von Bestandteilen, die gleicher Natur sind und die
sich, wollte man den Spaghettihaufen ordnend durchkäm-
men, so daß schließlich alle Fäden fein nebeneinander lä-
gen, in ihrer Substanz deshalb nicht änderten. Denn der
Mensch ist unfähig, sich zu ändern – das ist die reaktionäre
Grundüberzeugung der Commedia dell'arte. Sein Charakter ist sein Schicksal; was ihm sonst noch im Leben zustößt,
sind Mißverständnisse. Und so viele Differenzen gibt es

nicht bei den Charakteren; sie lassen sich wie ein Packen ungekochter Spaghetti zu Typen bündeln – da glaubt der Commedia dell'arte-Reaktionär an die Gleichheit! Typen aber sind unsterblich: schlägt man einen davon tot, wachsen Dutzende nach. Und deshalb gibt es in der Commedia dell'arte keine Todesfälle; das Blut, das in ihr fließt, ist Tomatensauce.

Spaghetti sind das ideale Spielmaterial. Man kann sie wohlerzogen um eine Gabel drehen, aber man kann mit der Gabel auch jemanden in den Hintern stechen. Man kann, während man sie serviert, mit der anderen Hand einige vom Teller ziehen, ohne daß der amorphe Haufen dadurch die Gestalt einbüßte. Man kann sie lüstern in sich hineinsaugen, man kann sie jemandem um die Ohren schlagen. Man kann darauf ausrutschen, man kann mit den Fingern in den Teller greifen und sich zum Zweck der Tarnung einen blonden Bart damit ins Gesicht garnieren. Keine Speise drückt den Hunger, das Bauchgrimmen, so gut aus, keine Speise läßt die Übersättigung bis zum Platzen so nachempfinden. Alle sieben Todsünden können mit Hilfe der Spaghetti begangen werden: der Hochmut angesichts des Alleinbesitzes eines Haufens Spaghetti, der Zorn über nicht richtig gekochte Spaghetti, der Geiz, der dem andern die Spaghetti verweigert, die Wollust beim Verschlingen der Spaghetti, die Völlerei mit immer mehr und mehr Spaghetti, der Neid auf die Spaghetti des Nachbarn, die Trägheit des Herzens nach hemmungslosem Spaghettifressen. Über den Kopf gestülpt, rufen sie höllische Verbrennungen hervor, auf dem Teller eine Vorahnung des Paradieses. Der Mensch bleibt immer der Mensch, aber sichtbar wird das ganze Menschenwesen erst, wenn es mit Spaghetti ernährt wird. Wie also kann man dort, wo man Kartoffeln oder Hirse, Brot oder Pfannkuchen ißt, eine echte Commedia dell'arte auf die Bühne stellen?

DER KENNER:

Sie reden vom Essen – da will ich von Pulcinella reden. Ist dieser Bauer aus Acerra bei Neapel eigentlich eine Dienergestalt im engeren Sinn? Und ist er, abgesehen von seinem Dialekt, überhaupt ein Bauer? Muß ein Bauer nicht zumindest den Zeitraum eines Jahres überblicken können? Pulcinella kennt kein Gestern und kein Morgen. Er ist der Großstadtproletarier, der Parasit einer Gesellschaft, deren Gesetze er nicht versteht. Vom Aussehen her ist er die Unheimlichste der drei »großen« Dienerfiguren, um die herum sich noch zahlreiche »kleine« Diener, die »Zanni«, die »Hänschen«, gruppieren. Pulcinellas lange schwarze Ledernase senkt sich tief über seinen Mund; der wie ein Notenschlüssel hochgewölbte Buckel bildet mit dem tief hängenden Bauch eine S-Linie. Ein weites weißes Hemd mit Halskrause und ein hoher kegelförmiger Hut umhüllen seinen Körper, als sei er ein mittelalterlicher Pestpfleger. Das Hemd ist dazu geschaffen, Diebesgut darunter verschwinden zu lassen; die lange Nase schiebt sich in Körbe, in Kochtöpfe und unter Unterröcke. Pulcinella schnattert unablässig, wenn er nicht kaut, aber er ist unfähig zuzuhören, nachzudenken, Antwort zu geben. Wenn es knallt, flieht er unter den Tisch, aber nur, um sofort neugierig wieder darunter hervorzukriechen. Und dann sieht man auch schon eine zweite schwarze Nase und dann eine dritte. Pulcinella ist eigentlich nie allein. Er tritt in einer Horde auf. Wenn mehrere Pulcinellen zugegen sind, ist es, als sei die Szene von einem Schwarm Meerkatzen überschwemmt worden. Alles wird angefaßt, schmutzig gemacht, angebissen, weggeschmissen, vollgespuckt und bekleckert. Der Pulcinella braucht kein Gehirn: Hunger, Furcht, Gier, Neugier springen ihm von den Augen unmittelbar in die Hände und Füße. Pulcinella braucht keine Seele; er stammt in direkter Linie von dem Narren der alten römischen Posse ab, die in Atella bei Neapel zu Hause war. Der Verwandtschaft zum Trotz erkennen sich auch die modernen Neapolitaner gerührt in Pulcinella wieder: Pulcinella, der brave Kerl, ein Herz aus Gold! Im Norden sieht man ihn offenbar etwas skeptischer. Hier lebt er weiter als »König Ubu«, das mordende, feige Monstrum aus der Hausmeisterloge.

DER SCHAUSPIELER:

Wichtiger als die Figuren sind in der Commedia dell'arte die Gesten, keine geheimnisvolle Taubstummensprache, sondern eine Verständigung mit Zeichen, die das ganze Publikum verstand, weil es sie selbst benutzte und auch heute, nach dem Untergang der Commedia dell'arte, noch immer benutzt. Die ausgestreckte Hand wie ein im Sturm schwankendes Schiffsdeck hin und her wackeln lassen – es geht soso, nicht gut, nicht schlecht, heißt das. Mit dem Zeigefinger in der Backe bohren – das wird während des Essens gemacht und soll »Das schmeckt gut!« bedeuten. Mit den Fingern unter dem Kinn etwas Unsichtbares wegschaben, nach vorn in die Luft wischen – das ist die Geste provozierender Gleichgültigkeit: »Was du da sagst, das juckt mich einen Dreck!« Mit den Augen auf jemanden weisen und dabei nach dem Ohrläppchen greifen – damit ist gemeint: »Der da ist schwul!« Mit der rechten Hand auf den linken Bizeps schlagen, so daß der linke Unterarm nach oben fährt – das ist eine weit über Italien hinaus bekannte Geste, die in Kreisen, die empfindlich über ihre Ehre wachen, nur mit Bedacht angewandt werden sollte.

Aber auch wenn gesprochen wird, sind die Hände in Bewegung, um dem Plädoyer den gehörigen Nachdruck zu verleihen. Beide Hände weisen leicht gekrümmt auf die Brust des Sprechers. »Ich, ausgerechnet ich sollte zu einer solchen Schweinerei fähig sein?« Dazu eine tiefverwundete Miene und einen halbgeöffneten Mund, der nur den Ausruf »Äh!« statt vieler Worte aus sich herausläßt. »Wer hat die Stirn, mir ins Gesicht hinein seinen Vorwurf zu wiederholen!« Kurz darauf geht die Argumentation ins Detail: auf der flach ausgestreckten Hand hackt die andere Hand fein säuberlich Kräuter und Zwiebeln. Wer hier widerlegen will, der muß dieselbe unnachsichtige Genauigkeit aufbringen. Lästige und mühevoll zu berichtende Vorgänge werden mit einem Rühren in der Luft von beiden Händen begleitet, so als solle der zähe Erzählstoff schaumig aufgelockert und damit leichter werden, vielleicht schließlich sogar einfach wegfliegen. Der ausgestreckte Zeigefinger ist ein Ausdruck strammer Kraft; er senkt sich, wenn es komplizierter wird, in die Innenfläche der anderen Hand und fährt darin in Linien entlang, denn dort steht unwiderleglich geschrieben, was das Gegenüber immer noch nicht glauben will. Was erledigt ist, wird mit der ausgestreckten Hand über die Schulter geworfen – weg damit, man hört es geradezu auf den Boden knallen. Zwei Fäuste halten die Zügel der Rhetorik mit gespannter Kraft, denn sonst, man fühlt es, würden die Rosse der Beredsamkeit dem Sprecher durchgehen. Was aus einem Vorfall herauszuholen ist, zeigt die Faust, die eine unsichtbare Traube zerquetscht – wie der Saft rinnt, was in ihr steckt, heraus. Hochbedeutsam, aber in ihrer Bedeutung vieldeutiger sind die drei zu pflückender Haltung zusammengelegten Finger, die die Wörter beim rasselnden Sprechen aus dem Mund hervorzuziehen scheinen, als laufe ein endloser Lochstreifen über die Lippen, der unablässig weitertransportiert werden müsse, um sich nicht zu verhaspeln. Aber dieses Pflückschnäbelchen, das in federnder Bewegung auch gehalten wird, wenn gar nichts gesagt wird, stellt auch eines der wichtigsten rhetorischen Ausdrucksmittel überhaupt dar: »Wir alle wissen schließlich, was gespielt wird, was soll man da noch groß herumreden?« Jedes Widerwort gegen diese stumme Frage fällt der verdienten Verachtung anheim. Wenn aber auch das nicht hilft, dann wird die Vernunft des Gegenübers mit gefalteten, die Luft zerhackenden, zerteilenden, zerklopfenden Händen beschworen: »Hab Erbarmen, gesunder Menschenverstand! Kehre in das verlassene trostlose Gehäuse, in dies verwaiste Gehirn, diese blinden Augen, diese tauben Ohren zurück und rette den geistverlassenen Menschen vor seinem Untergang!« Zum Abschied kneift man dem Gegenüber in die Backe – eine lustvolle, aber auch ein wenig herablassende Geste: »Ich hab dich beim Wickel, wenn ich nur will!«

Die Gesten befördern das Sprechen, sie können aber auch selbst zum Gesprächsgegenstand werden. Gegen die Angriffe heimtückischer Mächte sind die Männer des Südens gut geschützt: Sie tragen hinter ihrem Hosenlatz einen Glücksbringer, der bei Berührung die Mächte des bösen Blicks abprallen und die Dämonen sich jammernd in den Lüften zerstreuen läßt. Da klagte der Anstreicher, der seinen Farbeimer umgeworfen hatte, so daß die Farbe wie frische weiße Sahne die Gasse hinunterfloß: »Mein Unglückstag! Heut früh bin ich schon über meine Leiter gefallen!« Die Frau, die ihm aus dem Fenster zusah, tadelte ihn streng: »Wenn heut Ihr Unglückstag ist, müssen Sie sich an den Latz fassen. Ich kann es nicht für Sie tun! Ich bin vorn glatt!«

DER KENNER:

Vom Latz soll gleich weiter die Rede sein. Die Diener haben nämlich Herren, die ihrer wert sind: die Alten. Wir hören immer etwas beschämt, wie in den alten Zeiten das Alter geehrt worden sei – aber gewiß nicht in der Commedia dell'arte. Messer Pantalone ist ein steinreicher venezianischer Kaufmann. Sein dürrer Körper ist von einem hautengen roten Trikot umschlossen, der Hosenlatz wölbt sich groß wie eine Gurke. Ihm entsprechend sticht am Kinn ein messerscharfer Bart in die Luft. Sein Name läßt seine Herkunft in Byzanz vermuten; seine Geschäfte blühen jedenfalls überall, wo an den Küsten des Mittelmeeres das Zeichen des geflügelten Löwen aufgepflanzt ist. So mager und alt Pantalone ist, seine Willenskraft hat ihn nicht verlassen. Er ist geizig und geil, und das sind zwei schwer zu vereinende Laster. Gefahren dräuen dem ungeheuren Vermögen. Wie Antonio, sein mild melancholischer Verwandter aus dem *Kaufmann von Venedig*, sieht er in jedem Lüftchen, das sich zwischen den heißen Steinen der Stadt erhebt, den Wirbelsturm, der seine Handelsflotte in die Tiefe reißen könnte. Und zugleich geht er schon wieder auf Freiersfüßen, obwohl er schon so viele junge hübsche Ehefrauen im Kindbett verloren hat. Seine Erben sind außer sich über den liebestollen Greis. Aber er selbst steht vor einer quälenden Entscheidung: Wenn er Erfolg in der Liebe haben will, ist er auf die Kupplerdienste übler Menschen angewiesen, seiner Diener Arlecchino, Brighella und Pulcinella, denen er sich viel mehr in die Hand geben muß, als sein Mißtrauen es ihm erlaubte. Die Spannung zwischen Latz und Geldkatze zerreißt den Alten beinahe; dann bricht er mit hoher Greisenstimme in ein hysterisches Schimpfen aus. Wie soll man da seine Würde bewahren? Denn die Würde gibt es ja schließlich auch noch, den Anspruch, ein »Signor Magnifico« zu sein. Der spitze Bart malt ein kalligraphisches Ornament in die Luft, wenn Pantalone sich vor der Dame seines Begehrens tief verneigt, während sie ihn hinter ihrem Fächer voll Ekel betrachtet. Trotzdem will seine Werbung wohl erwogen sein, denn Geld ist für alle Figuren der Commedia dell'arte ein stets erwägenswertes Argument. Molières Arpagon und Balzacs verliebte Millionäre Gobseck und der Baron de Nucingen sind Pantalones Nachfahren, die sein Andenken in unsere Zeit gerettet haben.

Der zweite Alte ist der Dottore. Er kommt aus Bologna von der berühmten Universität, trägt das schwarze Habit des Gelehrten, einen riesenhaften Schlapphut und eine Maske, die seine bombierte Stirn, den Eierkopf, betont. Der Dottore repräsentiert den Typus der wertlosen und käuflichen

Intelligenz; sein Wissen ist nutzlos, und seine kunstvollen Argumentationsgirlanden haben vor allem die Aufgabe, das Recht des Stärkeren zu schmücken. Der Dottore ist ein Feigling, und er würde vor den Gewaltigen zittern, wenn seine unbeschränkte Kenntnis der Pandekten ihm nicht stets einen Ausweg wiese, doch noch gefällig zu sein. Als Genealoge ist der Dottore unübertroffen, aber auch als scholastischer oder jesuitischer Theologe, als Jongleur aller erdenklichen Rechte und als Arzt – das ist vielleicht seine gefährlichste Profession. Der Dottore liebt die wissenschaftliche Terminologie, er schwelgt in falschem Latein und erfundenem Griechisch, und was seine Freude am Gebrauch der vielen schwierigen Wörter etwas trübt, ist ein kleines Gebrechen: er stottert. Außerhalb der Commedia dell'arte haben ihm Ulrich von Hutten in seinen *Dunkelmännern*, Rabelais im *Gargantua* Denkmäler gesetzt, Molière hat ihn auf den eingebildeten Kranken gehetzt, als korrupter Don Curzio will er Figaros Hochzeit verhindern, und als gewissenloser Advokat hintergeht er die *Verlobten* des Manzoni.

DER SCHAUSPIELER:

Wann sprechen Sie endlich vom wirklich Substantiellen, von der ästhetischen Stimmung der Commedia dell'arte? Ist die Musik hier nicht bedeutsamer als die vielen inhaltlichen Details? Aber eine ganz bestimmte Musik! Wer hat behauptet, daß Italien das Vaterland der Musik sei? Man denkt bei solchen schönen Devisen an Monteverdi und Palestrina, an Vivaldi und Scarlatti und an die diversen »Schwäne von Pesaro«, »Nachtigallen« und »Lerchen«, die Belcanto-Gottheiten. Aber von solcher geschaffenen Musik soll nicht die Rede sein und auch nicht von der kommerziellen Musik der Gegenwart, obwohl die gellenden und röhrenden Stimmen der italienischen Schlagersänger schon viel näher an das Reich jener Musik heranführen, in der die Commedia dell'arte gedeiht.

Keine süßen, schmelzenden Töne – etwas Niederwälzendes, aus der Gefühllosigkeit Geborenes und in Raserei Versetzendes haftet den Klängen, oder besser den Geräuschen, an, die sich wie die Begleitung eines mänadischen Haufens ausnehmen, wenn sich im Süden bei den Festen der Engel und der Ortsheiligen die örtliche Tarantella-Gruppe in Bewegung setzt. Es scheint hier zunächst vor allem um Kracherzeugung zu gehen. Die Schalmeien schreien wie eingequetschte Katzen, der Dudelsack vernichtet quäkend jeden Rhythmus in dissonantem Dauerakkord, die Schellentamburine rasseln mechanisch wie hundert Blechkaffeelöffel im Spülkorb einer Großkantine und ein riesiger Holzhammer, an den rechts und links mit kleineren Hämmern geschlagen wird, vernichtet und zerstampft triumphierend jeden Rest von Melodie.

Zum Familienfest einer großen Sippe mit vielen alten Frauen und kleinen Kindern hat der Neffe mit der berühmten schönen Stimme in dem Sälchen seinen neuen Synthesizer aufgebaut; nun lagert eine undurchdringliche tosende Wolke über der Gesellschaft – die Münder der Tanten und Onkel öffnen sich und schließen sich ohne Pause, aber nicht ein einziges Wort ist zu hören, sie sind wie die Fische im Aquarium. Die dicke Nonne mit den lupenhaften Brillengläsern hat mit den Mädchen der zweiten Klasse ein neuartiges »Halleluja« eingeübt – wie das Kreischen von tausend Staren über einem frisch eingesäten Feld tönt der Chor im flatternden Echo unter der kalkigen Kuppel und verwandelt die Messe des Priesters in eine stumme Zeremonie. So muß einstmals die Pantomime, das für die Commedia dell'arte so bedeutsame wortlose Spiel, entstanden sein: als der organisierte Lärm einer diabolisch entfesselten Volksmusik jeden Dialog in sich verschluckt hatte.

Wenn der Höllenlärm abflaut, bleibt manchmal der ziehende, eigentümlich regnende Mandolinenton zurück, das flirrende dahinglitschende »Plingplingpling«, das die vazierenden Musikanten, die keine Mandoline, sondern nur eine Gitarre dabeihaben, so gut mit dem Mund in geschicktem Züngeln nachmachen können. Dann schwingt sich eine einzige orgelnde, blecherne Stimme auf und stimmt einen unendlich klagenden Gesang an. Langgedehnte, ans Arabische gemahnende Rufe aus der vollen Brust der verwundeten Kreatur. Das Gesicht des Sängers – er ist schlecht rasiert und seine Augen sind wie von einem gelblichen Film überzogen – spricht von dem uralten Leid der Fremdherrschaft, der Armut, der gebrochenen Herzen. Was ist das nur, was er da singt? Manchmal bilden sich Melodiepassagen, die man zu erkennen glaubt, aber sie schwimmen in dem immer deutlicher ins Orientalische treibenden Gesang wieder davon. Nun steigert sich der Ausdruck ins Verzweifelte, die Stimme stöhnt und schluchzt; der Sänger wird gleich in Tränen ausbrechen. Aber sein Publikum nimmt von dem Schmerz nicht die mindeste Notiz. Diese einzelne Stimme ist laut und lästig, aber sie wird es nicht schaffen, irgendwen zum Schweigen zu bringen. Seitdem der Terror des musikalischen Massenangriffs gewichen ist, hat die Gesellschaft, die so lange unhörbar bleiben mußte, sich wie aus einem Munde der Konversation zugewandt. Der Sänger könnte sich singend nun vor seinem Publikum entleiben, ein purpurner Blutstrom könnte seinem aufgerissenen Mund entfließen – niemand würde seine Mitteilungen unterbrechen. Aber sowie er die Lippen, durch die zuletzt ein im Unendlichen verklingendes Wimmern gedrungen ist, dann doch noch schließt, regt sich freundlicher Beifall. »Eine schöne Stimme! Er hat den Ausdruck! Er kann singen! Er hat das goldene Herz eines Neapolitaners, voller Musik, mit dieser einzigartigen Begabung für den Ausdruck!« Aber was war es nur, was er da so fremdartig, so ergreifend gesungen hat, dieses offensichtlich uralte geheimnisvolle Lied, dieser Sarazenen-Fado mit Muezzin-Gregorianik, dieser Kamikaze-Tango, dies Heulen aus den Flammen des Fegefeuers? »Ach, das kennen Sie nicht? ›O sole mio‹ ist doch weltberühmt! Das schönste, das berühmteste Lied der ganzen Welt!«

DER KENNER:

Was hat »O sole mio« mit der Commedia dell'arte zu tun? Sie strapazieren Ihre schöpferischen Lizenzen, um einen Stilbruch zu propagieren! Als sei die Commedia dell'arte an schwierigen Stilbrüchen nicht schon reich genug – man denke nur an die Liebespaare!

Wie blaß sind die Liebespaare vor dem Hintergrund der Alten und der Diener! Sie sind jung, sie sind schön, und sie tragen keine Masken; auf die ebenmäßigen Züge sind höchstens ein paar rosige Bäckchen und ein Schönheitsplä-

sterchen gesetzt. Sie tragen feine gräzisierende Schäferna-
men – Cinthio, Cleanthe, Lelio oder Lidia, Doris, Silvia –,
und am Leib haben sie anders als die grotesken Figuren mit
ihren aus der Renaissance stammenden Kostümen die neue-
ste Mode in einer das Zivilkostüm rosa und hellblau über-
steigernden Bühnenversion. Die Liebespaare seufzen und
klagen, aber sie rasen niemals, sie sticheln und sind schnip-
pisch, aber sie werden nie wütend. Die Männer sind ein
wenig weiblich und die Frauen ein wenig kühl. Sie passen
perfekt zueinander, sie sind füreinander bestimmt wie
Deckelchen und Schale einer Meißner Zuckerdose. An
ihrem Zueinanderfinden kann niemand ernsthaft zweifeln.
Das macht den Liebeskampf, die atemlose Intrige, ein
bißchen unernst. Die Liebespaare haben einen sicheren Instinkt, eine Mésalliance ist bei ihnen vollständig undenkbar.
Das Herzklopfen, das Erröten, das Erbleichen – das kann bei
Silvia nur der Anblick Lelios auslösen, niemals Brighella. Ist
ein Diener überhaupt ein Mann? Seltsamerweise waren es
diese zärtlichen Egoisten mit den hübsch geschliffenen Re-
densarten, die der Maskenkomödie ihr Ende bereiteten. In
der Aufklärung wollte man plötzlich nur den vollendet er-
zogenen, vernünftigen Idealmenschen sehen, nicht mehr
den ewig unbeeinflußbaren Charakter. Und nichts eignet
sich für die Herstellung der Schablonenfigur besser als der
jugendliche Verliebte aus gutem Haus. Aber wärmt die
Liebe nicht jedes Herz? Die französische Komödie jedenfalls
wurde frostiger, als die Liebespaare triumphierten und die
bösen alten Masken aus ihr verschwanden.

Die Commedia dell'arte wäre kein Improvisationstheater
gewesen, wenn die geschilderten Gestalten die einzigen ge-

blieben wären, die in den immer gleichen und immer neuartigen, abgeänderten, bereicherten Stücken auftraten. Ein Schwarm von Masken wucherte um diesen harten Kern herum; alle menschlichen Laster und Verkehrtheiten fanden ihre Verkörperung. Der Capitano, der prahlerische, gewalttätige und mittellose Soldat, der als Liebhaber immer erfolglos bleibt, und Zerbinetta oder Colombine, die Magd der verliebten Damen, die frech und klug Kupplerdienste leistet und ihre Gunst niemals verschenkt, sondern sie so nüchtern verkauft wie eine Bäuerin Butter und Eier, sind nur zwei weitere Namen aus einem unausschöpfbaren Fundus.

Die Gestalten der Commedia dell'arte sind Verwandte der antiken Götter, die als Archetypen die menschlichen Verhaltensweisen in jeweils einem Namen vorstellen. Deshalb war Hugo von Hofmannsthals Einfall, in *Ariadne auf Naxos* die Welt der Götter und der Heroen mit der Welt der Commedia dell'arte in einen Topf zu schütten, eben kein willkürliches Experiment, sondern ein Zusammenführen dessen, was seiner Natur nach auch zusammengehört. Auf den Deckengemälden der Farnesina in Rom haben Raffael und Giulio Romano die olympischen Götter zu ihrem ewigen Festmahl versammelt. Der löwenhafte Jupiter, die eifersüchtig zurückhaltende Juno, die gutmütig kopflose Venus, der amüsierte Merkur und der schlecht gelaunte Hephaistos sitzen und lagern bei Tisch, dem sinnlichsten Bild der Ewigkeit, oder besser der angehaltenen Zeit, denn an der Tafel, so sagen die Italiener, altert man nicht. Dort lieben sie und streiten sie, und dort verbreiten sie ungeniert, was den Hintergrund all ihrer Lebensäußerungen bildet: die Freude an der eigenen Existenz. Im Vergleich zu den starken schönen Göttern sind Pantalone, Zerbinetta und Arlecchino freilich nur Gartenzwerggötter, aber es ist doch wohl kein Zufall, daß die Commedia dell'arte nur dort blühen konnte, wo das Heidnische im Katholizismus noch nicht abgewürgt worden war.

DER SCHAUSPIELER:

Wieder die ewigen alten Griechen!

Welcher Schauspieler der Commedia dell'arte hat wohl jemals etwas vom Aristoteles gehört! Ja gewiß, da gab es die Forderung, das Geschehen eines Theaterstücks habe die Einheit von Zeit und Ort zu wahren. Aber was für eine Bedeutung hat solch eine Forderung, wenn man bloß aus dem Fenster gucken muß, auf die enge finstere Gasse, in die gegenüberliegende Wohnung hinein, in eine auf die Gasse stoßende weitere Gasse, aus der beständig Leute treten oder in die hinein sie verschwinden, um eine Bühne zu sehen, auf der die Einheit von Raum und Zeit mühelos gewahrt ist! Wer versucht, seine Stücke nach den Gesetzen des Aristoteles zu bauen, der kann sich tüchtig den Kopf zerbrechen, wie er das unaufhörliche Zusammentreffen der Protagonisten an immer derselben Straßenkreuzung motiviert, wie er die Auf- und Abgänge möglichst wahrscheinlich organisiert, wie er Methoden ersinnt, um den auf der Szene Anwesenden für alle anderen unsichtbar ein Komplott gegen ihn belauschen zu lassen. Es gibt große Autoren, denen solche Maschinenkonstruktionen gelungen sind, Bühnen wie Wetterhäuschen oder Kuckucksuhren, deren Kläppchen sich öffnen, um Püppchen heraus- und hereinspazieren zu lassen. Auch im besten Fall gleichen solche Stücke raffinierten aufgezogenen Uhrwerken. Wer in den spanischen Quartieren in Neapel lebt, kann dazu nur mit den Schultern zucken.

In der großen Stadt bildet jeder Winkel, jede Gasse, jeder Hof ein soziales Gefüge für sich. Man lebt in Waben, aber diese kleinen Gelasse sind sämtlich nach außen gekehrt; sie sind bloße Rückzugsmöglichkeiten, nicht anders als der Aufenthalt des Schauspielers zwischen den Kulissen, aus denen er alsbald wieder hervorstürzen wird. Der Ort des Lebens ist dort, wo auch alle anderen Leben stattfinden, zugleich mit ihnen, gegen sie und durch einen von allen Vitalitätsimpulsen gleichzeitig in Gang gehaltenen Organismus gefördert. Es ist, als ob zum Atmen nur die Luft geeignet sei, die vorher schon andere Lungen gefüllt hat. Kleine Balkone erlauben, den Straßenraum von allen Seiten zu betrachten, als Zeuge und als Täter. Überall sind Löcher da, um spurlos darin zu verschwinden, in Gänge mündend, die es gestatten, am entgegengesetzten Punkt wieder aufzutauchen. Die Motorradwerkstatt, die Bar, die Kapelle sind Orte, die es wahrscheinlich machen, jedermann binnen kurzem zu begegnen. Morgens sehr früh mit Sonnenaufgang beginnt hier das Stück, wenn auf jedem blauen Flämmchen Espresso gekocht wird und ein knallender Auspuff den Beginn des ersten Aktes anzeigt. Lange nach Sonnenuntergang erst hat es sein Ende gefunden. Die Einheit von Zeit und Ort wurde streng gewahrt. »Und die hat Aristoteles erfunden?« fragt Arlecchino. »Das ist ja hochinteressant!«

POMPEJANISCHE GEGENWART

Eine Stunde im Nationalmuseum von Neapel

Einen antiken Kunstsammler stellen wir uns als einen
Liebhaber von Statuen aus Bronze und Marmor vor;
daß er auch Gemälde gesammelt haben könnte, ist uns fast
ganz aus dem Bewußtsein geraten. Die Vorstellung einer
antiken Gemäldegalerie, vergleichbar unseren Museen für
Malerei, hat erst recht etwas Überraschendes, und doch
wird von einer solchen öffentlich zugänglichen Sammlung
von Tafelbildern berichtet; ein Literat mit Namen Philostratos beschreibt im dritten nachchristlichen Jahrhundert
eine *pinacotheca* in der Gegend von Neapel. Oder hat der
Autor da etwas erfunden, um sich einen Vorwand für seine
Lehrgespräche über die Sujets der Malerei zu schaffen?
Aber auch einer der schönsten Romane der Weltliteratur,
das *Satyricon* des Petronius Arbiter aus der Zeit des Kaisers
Nero, läßt eine Szene in einer neapolitanischen *pinacotheca*

spielen, einer öffentlich zugänglichen Gemäldegalerie mit Werken »alter Meister«, wie wir heute sagen würden, denn Apelles und Zeuxis waren für die römische Kaiserzeit, was uns Raffael und Leonardo sind. Dort begegnen sich Eumolpus, der verkommene weißhaarige Dichter, der Vorfahre aller Gossen- und Vagantengenies bis hin zu François Villon und Rameaus' Neffen, und Enkolpius, der gefühlvolle Strolch, der stets verliebte Dieb und Totschläger, und versenken sich in die Betrachtung der Tafeln, die in einem Säulengang ausgestellt sind.

Welche atemlose Verfolgungsjagd hat Enkolpius in der Pinakothek Zuflucht suchen lassen? Wir wissen es nicht, denn das *Satyricon* gleicht einem aus der Lava ausgegrabenen pompejanischen Zimmer, dessen Malereien leuchten wie am ersten Tag – aber nur dort, wo sie erhalten sind. Und so wie in einem solchen Zimmer womöglich eine ganze Wand eingestürzt ist und auch in den geretteten Teilen da und dort ein großer Batzen fehlt, sind auch dem *Satyricon* Anfangs- und Schlußteil verlorengegangen. Enkolpius springt aus dem Nichts in die Galerie, seine Stirn ist schweißbedeckt, er atmet schwer. Und augenblicklich beginnt er zu bewundern: »Originale von Zeuxis, die noch nicht unter Zeitunbilden gelitten hatten, Skizzen von Protogenes voll natürlicher Wahrheit, die ich nicht ohne ehrfürchtigen Schauder berührte; und ›Der Mann auf einem Bein‹ von Apelles, das anbetungswürdige Werk!«

Die Werke des Apelles, der das Portrait Alexanders des Großen gemalt hat und den Plinius den »Größten aller vor ihm geborenen und noch in Zukunft geboren werdenden Maler« nannte, sind restlos untergegangen, aber nicht ohne

Spuren zu hinterlassen. Das Nationalmuseum in Neapel, die alte Jesuitenuniversität, birgt heute eine Sammlung besonders ausgesuchter Bilder aus den Häusern von Pompeji und Herculaneum, die dem Besucher leicht das Gefühl vermittelt, sich in der *pinacotheca* des Philostratos oder des Petronius zu befinden. Vom modernen archäologischen Standpunkt aus gesehen ist die neapolitanische Sammlung ein beklagenswerter Irrtum: Man hat im 18. und 19. Jahrhundert, was man bewunderungswürdig fand, von den Mauern der ausgegrabenen Häuser abgelöst und im Museum eingerahmt an die Wand gehängt, ohne darauf zu achten, daß die Bilder stets in eine den ganzen jeweiligen Raum umfassende architektonische Dekoration aus Stuck und bemalten Flächen eingepaßt waren. An Ort und Stelle wären sie freilich mit Gewißheit untergegangen, wie so viele unter der Lava und Asche auf unsere Zeit gekommenen Schätze, die in Pompeji und Herculaneum achtlos dem Verfall, der Verwüstung und dem Raub ausgesetzt sind.

In den Sälen des Museums sieht man immer wieder Gruppen von Männern in Mänteln, manche tragen Mützen oder kleine Hüte, geraucht wird nur in der Nähe des Treppenhauses oder eines geöffneten hohen Fensters, aber die Diskussion ist stets lebhaft. Das sind die Wächter, die sich allein langweilen würden; ihr Zusammenstehen und ihre lauten Stimmen, die in den stillen Sälen widerhallen, geben den Räumen etwas von Plätzen; man bewegt sich an den Männern, die keinen Blick auf die ausgegrabene Kunst werfen, vorbei wie unter freiem Himmel. Ein herzhaftes Gelächter erhebt sich. Worüber? Über die lustigen Schweinereien, mit denen sich schon Eumolpus bei Enkolpius eingeführt hat?

»Diese Plaudereien regten mich an«, erzählt Enkolpius, »und ich begann, den Mann als überlegenen Kenner über das Alter der Bilder zu befragen und zugleich auf die Ursache des gegenwärtigen Verfalls einzugehen; seien doch die herrlichsten Künste untergegangen, darunter die Malerei, die auch nicht das geringste Lebenszeichen hinterlassen habe.« Wie seltsam berührt diese Klage im Museum von Neapel, das anders als sein antiker Vorläufer vor allem Malerei aus der Gegenwart des Enkolpius zeigt. 66 nach Christus öffnete sich der Autor Petronius Arbiter in der jedem Leser von *Quo vadis* bekannten Nonchalance die Pulsadern. Und schon 79 nach Christus ergoß der Vesuv sein feuriges Innere über die prächtigen Städte zu seinen Füßen. Das war das dramatische Ende jener Malerei, die man nach ihrem Fundort die »pompejanische Malerei« genannt hat, obwohl Pompeji doch eine nicht weiter bedeutende Provinzstadt des Römischen Reiches war, mit Rom, Korinth, Alexandria und Antiochia nicht in einem Atemzug zu nennen, und seine Malerei, wenn sie Qualität besaß, sich gewiß an größeren Vorbildern ausrichtete. Als die Kunstwissenschaftler begannen, diese hellenistisch-campanische Malkunst in Kategorien zu erfassen, und vom »Ersten Stil«, der die Wände mit gemalten Steinplatten umkleidete und etwa ab dem Jahr 180 vor Christus begann, bis zum »Vierten Stil«, der kurz vor dem Untergang angesiedelt wurde und den größten Reichtum an gemalter Architektur besaß, eine Entwicklungsleiter entwarfen, da lag die Versuchung nahe, vor dem Hintergrund der alles verschlingenden Naturkatastrophe in der pompejanischen Stilgeschichte eine Abfolge von Entfaltung, Blüte und Dekadenz zu erblicken.

Und gibt die Klage des Enkolpius über den »Verfall der herrlichsten Künste« dieser kunsthistorischen Sicht nicht recht?

Wie sah Enkolpius wohl aus? Zum Dickwerden lebte er zu unruhig, immer auf der Flucht, manchmal etwas Gestohlenes in sich hineinschlingend, meistens hungrig. Eitel war er gewiß, das Haar gelöckelt und mit Pomade glänzend gemacht, »gesalbt«, wie man damals sagte, selbst wenn er das Rasieren vergessen hatte. Die nervösen dunklen Augen konnten melancholisch glänzen. »*Un buon ragazzo in fondo* — im Grunde ein guter Junge«, wie es eben gerade im Kreis der Wächter von einem gefaßten Rauschgifthändler festgestellt wird. Enkolpius läuft immer noch in Neapel herum, sein Typus ist hier nicht ausgestorben, wie man an den antiken Portraits in Farbe und Stein deutlich sieht. Die alte Griechenstadt Neapel bringt auch nach weiteren zweitausend Jahren ihrer Geschichte mit zahllosen Gelegenheiten zu immer undurchdringlicherer Völkervermischung noch dieselben Gesichter hervor. Und Eumolpus? Der war vielleicht wie der kurze Dicke am Fenster vor der vertrockneten Palme, mit einem Kugelbauch unter der gestreiften Anzugjacke, dickem weißem Haar, das von der Frisiercreme einen bläulichen Stahlton bekommen hat, vollen Lippen, braunen Zähnen und einem heiteren lächelnden Blick, der beim Herumschweifen, wenn er unversehens auf einen Gegenstand seines Interesses stößt, eine krokodilshafte Konzentration annehmen kann.

»Ich habe immer und überall gelebt, als ob die eben sinkende Sonne nicht wieder zurückkehren würde.« So wie Eumolpus drückt sich der Mann am Fenster nicht aus. Aber überrascht nicht auch der verkommene Dichter durch seine geschliffene Sprache? Warum sollte der Grauhaarige am Fenster den jungen Schlingel, dem er gerade väterlich in die Backe kneift, nicht genauso inhaltsreich belehren wie Eumolpus den flüchtigen Enkolpius? Gibt es Gedanken, die hinter solchen lebhaften und zugleich verschlossen blickenden Augen nicht gedacht werden könnten?

»Schau dieses Fischstilleben an, diesen Haufen frischer, noch zappelnder Fische in einem Mosaik aus stecknadelkopfgroßen Steinchen, ein Gemälde aus Stein, wahrscheinlich auch nach einem Gemälde gearbeitet. Alle Fische, die du draußen an den Straßenständen finden kannst – viele davon mit einem innerlichen Draht krummgebogen, um den Eindruck des Springlebendigen zu erzeugen –, sind auf diesem Quadrat vereinigt: die Spigola, die Dorade, der nicht sehr schmackhafte rot-weiße Drachenfisch, die Sardinen, die Rotbarben, eine ganze Fischsuppe, und mittendrin wie ein Gladiatorenkampf mit ungleichen Waffen die Umklammerung einer stachligen Languste durch einen vielarmigen Tintenfisch. Wie ergötzlich ist dieser Aufstand der scharfen Panzerkruste gegen den weichen schlingpflanzenhaften Muskel. Und hier der umgestürzte Apfelkorb, aus dem die Äpfel herausrollen. Siehst du das Geflecht? Der Maler hat die feinen Weiden gemalt, als flechte er mit Farben, wie ein armer fleißiger Korbflechter hat er mit nassem Pinsel die Stäbchen gekreuzt. Die Apfelschalen wölben sich uns locker gesprenkelt entgegen, aber wer diese Äpfel schälen wollte, der behielte überrascht ein Häufchen trockenes Farbpigment zurück; der feuchte Apfel ist aus trockenem Staub zusammengesetzt. Solange die Tauber und die Hähne versuchen, mit ihren Füßen den Weibchen auf den Rücken zu steigen und sie auf den Boden zu drücken, wie heftig die Flügel auch schlagen mögen, solange hat die Kunst etwas darzustellen, solange kann es keinen wirklichen Niedergang geben. Auch in der modernen Stadt sehen wir überall die lebendigen Vorbilder dieser alten Malkunst, und solange wir diese Vorbilder erkennen, ist die antike Kunst auch nicht versunken.« War ihm der große Tauber mit aufgeblähter Brust, der im Hof unten auf einem marmornen, halb in Plastikfolie eingepackten Tempelgesims einer nervös trippelnden jungen Taube folgte, in den Blick geraten? Oder dachte er an die aus einem Prunkgefäß Wasser nippenden Vögel hinter ihm an der Wand?

»Es gibt überhaupt keinen vernünftigen Grund, warum diese hellenistisch-campanische Malerei nicht ewig leben sollte, denn sie hat eine Objektivität, die sie von jeder strengen Zeitgenossenschaft unabhängig macht. Diese Maler, anonyme Sklaven zum größten Teil, waren ja sogar unabhängig vom guten Geschmack! Sie konnten schlampig sein, sie konnten grob sein, sie konnten gedankenlose Kopisten sein, sie konnten überwältigend große Meister sein, Erfinder, beseelende Schöpfer – nur geschmacklos, das konnten sie niemals sein. Der freigelassene Sklave, der als Makler und Großkaufmann ein Millionenvermögen erworben hat, läßt sich seine Salons mit Elephanten und Stieren in Lebensgröße ausmalen, und der Aristokrat in Herculaneum besitzt Dekorationen von solcher Feinheit und Vollendung, daß die Gebrüder Adam oder Napoléons Dekorateure Fontaine und Percier an Vergleichbares niemals denken durften – ich erinnere mich an einen Raum in matt poliertem Schwarz, der von den zartesten terrakottafarbenen Ranken und Masken weniger gegliedert, als, nun ja, durchatmet wird. Aber gibt dieser makellose Raum das Recht, auf die Stiere und Elephanten herabzusehen? Hier der goldschmiedehafte Feenpalast, dort die überschäumende Malerlust: mit dickem Pinsel in Bewegungen, die den längst vermoderten Arm des Malers lebendig scheinen lassen, entsteht die beobachtete Natur fast nebenbei – eine Pinseldrehung schafft ein Sprunggelenk; die Wischspuren erfassen die feinen Haare, die auf den Ohren des gejagten Stieres wachsen. Nein, so erlesen wie die gläsernen Miniaturen einer Villa in Herculaneum sind solche *fa presto*-Improvisationen nicht, aber sie sind aus demselben Stoff gemacht, aus den Farben, die in keiner Verbindung ihren organischen Ursprung verleugnen – Ochsenblut, Ruß, Eigelb, Erde – und die auch dem luftigsten Phantasiegebilde etwas von ihrer sinnlichen Körperlichkeit mitteilen.«

Enkolpius wirkt in seinen fleckigen Hosen, mit tiefen Schatten unter den Augen, als habe er die letzte Nacht nicht im Bett verbracht, aber auch Eumolpus ist einer von »jenen Gebildeten, die reichen Leuten ein Greuel sind«. Und doch muß er der größere Kenner und Liebhaber von Malerei sein, denn ihm gelingt es, sein Ressentiment gegen die Reichen um der Kunst willen zum Schweigen zu bringen. Der von allen Hunden gehetzte Enkolpius genießt ein Hochgefühl, wenn er auf die Unbildung der Kunstsammler mit Geld herabblicken kann. Das Speisezimmer des Neureichen Trimalchio war mit einer Kampfszene geschmückt. »Das sind Ilias und Odyssee bei den allerletzten Gladiatorenspielen«, erklärte der stolze Haushofmeister.

Daneben sehe man »Dädalus, der Niobe in das Trojanische Pferd« einsperrte. Solche Mythensalate entstehen, wenn raffgierige Banausen ihre langen Finger an Bildungsgüter legen.

Der dicke Graukopf am offenen Fenster bietet dem aufgeregten Jüngling eine Zigarette an. Nein, natürlich ist das nicht Eumolpus, der sittenlose Dichter, sondern ein braver Museumswächter mit vielen Nebenberufen. Und doch möchte man ihn, jedenfalls versuchsweise, italianisiert »Eumolpo« nennen.

»Wen schert heute, welche Ariadnen, Medeen, Iphigenien auf den kostbaren Gemälden trauern, die in das Mittelfeld einer Wand eingepaßt waren! Verstehen wir soviel mehr von antiker Mythologie als Trimalchio? Daß die Niobe in Wahrheit eine lüsterne Pasiphae ist, die Dädalus in eine bronzene Kuh einschließt, um sie für den Stier verführerischer zu machen, fügt der Qualität der Malerei doch nichts hinzu! Heute, im Schutz unserer Ahnungslosigkeit, stehen wir staunend vor den Schönheiten einer pompejanischen Neureichenvilla und lesen die vielen Details wie einen Roman. Die Bühnenarchitektur eines Atriums: die Bronzetore mit den schuppenartigen Gittern, die hohen Sockel mit den Theatermasken, ihren gelockten Bärten und ihren Haardiademen und ihren in karpfenhaftem Erschrecken geöffneten Mündern, die Vielzahl der Bildtäfelchen, die in den bunten Aufbau eingepaßt sind – Villen am Meer mit langen Säulenreihen, Galeeren mit vielen Rudern, Eroten und Putten und Ziegenböcke, Körbchen mit Nüssen und Feigen und daran gelehnte Tyrsusstäbe mit Pinienzapfen und schön fallenden Bändern –, im Garten hinter den halb geöffneten

Toren der magische Dreifuß aus Goldbronze, um etwas Hübsches, Appetitliches dort zu opfern, und in den oberen Stockwerken und Loggien der Ausblick auf eine Säulchen- und Giebelchenwelt voll Perspektivenwonne. Welch ein Geschmack! Und welch eine Liebe zur Malerei, wenn man sich mit allem, was man sowieso besaß – Obstkörbe, Bronzetüren, Hähnen und Fischen, Glasvasen, Silberbechern, Statuetten, Bäumen und Blütenbüschen –, noch einmal in gemalter Form umgeben wollte! Die dünnen Säulchen dieser gemalten Architekturen haben ja die Holzstangen zum Vorbild, mit denen die Theaterdekorationen aufgebaut wurden, und auch die großen Landschaftsbilder gelten als Zitate griechischer Bühnenbilder. So wie das Theater in Komödie und Tragödie das Leben in einer stilisierten Form ausstellt und beim Namen nennt, so wie die Sprache in ihren die Wirklichkeit vereinfachenden Begriffen erst den Blick auf diese Wirklichkeit eröffnet, so wurde auch hier die Malerei als eine Sprache empfunden, mit der die zerstreuenden Eindrücke der Sinne regelrecht niedergeschrieben werden können. Der Goethe-Freund Philipp Hackert, der viel später hier am Golf von Neapel gemalt hat, notiert, man müsse zu einer Beherrschung des Zeichnens gelangen, ›wie man schreibt‹. Und in solchen schriftartigen Abbreviaturen, vergleichbar eigentlich nur den japanischen Kalligraphenkünsten, bei denen das Schreiben und das Malen untrennbar verbunden sind, waren die pompejanischen Maler groß. Licht und Locken, Schatten, Schwellungen und Falten wurden von ihnen in klare Farben übersetzt, die sie gelegentlich geradezu klecksend auf die Wand warfen. Der Maler beobachtet die Natur, aber der Akzent ist stets ein neuer: hier wird der Körper, dort seine Bewegung, hier seine Eigenschaft als Reflektor des Lichtes, dort seine Substanz betrachtet. Wenn man das Laub anschaut, das die Pompejaner gemacht haben, aus zwei Farben, einem Licht- und einem Schattenton, zusammengesetzt, während die Lokalfarbe nur in dem dünnen Strich auftaucht, der den Stiel andeutet, dann denkt man weniger an ein geduldiges Nachschaffen der Natur, als an einen jugendlichen Gott, der mit einem Farbtopf und einem Pinsel zu seiner eigenen Freude gerade die Blätter erfunden hat und sie nun an die Sträucher und Büsche malt.«

Der unruhige junge Mann mit der fleckigen Hose, der während des eindringlichen und gestenreichen Vortrags des kleinen Weißhaarigen – er reicht dem Jungen kaum bis zum Kinn – suchend, vielleicht gar sichernd nach allen Seiten blickt, hat in der Ferne ein japanisches Paar auf Hochzeitsreise entdeckt, das scheu und mit großem Abstand zu den Wänden in den Raum eindringt, als hätte es dabei unsichtbare Widerstände zu überwinden. Es scheint zunächst, als werde er sich jetzt von seinem Eumolpo losreißen und sich auf die reservierten Asiaten stürzen, aber dann kommen ihm Bedenken: die Sprache! Encolpio könnte sich gewiß mit seinen ausdrucksvollen Augen und Händen über jede Sprachbarriere hinwegsetzen, aber ob die Japaner ihm bei diesem Hindernislauf zu folgen bereit wären?

»Selbst Japaner und Chinesen müßten sich bei den Pompejanern zu Hause fühlen, wenn sie ein bißchen Gefühl haben«, fährt der Dicke nun eindringlich fort, um die Aufmerksamkeit erneut auf sich zu lenken. »Hier gibt es die großen Landschaftsbilder aus dem Isis-Tempel, heilige

Haine in dahingewischten Bergen mit gewundenen Gewässern, geschwungenen Brückchen, hellgrauen Tempelchen als Nymphenwohnung; Bäume, an die Weihegeschenke gebunden sind; kleine Männlein, die in der leeren, dämonisch aufgeladenen Natur unterwegs sind – sind das nicht Zen-Meditationsbilder?

Aber welche bedeutende spätere europäische Malerei haben die Pompejaner eigentlich nicht vorweggenommen und vorwegnehmend auch schon gleich zur Vollendung geführt? Im Antiquarium von Castellamare di Stabia gibt es einen jungen Mann, der aufs Haar einer der feierlich erstarrten Gestalten des Piero della Francesca gleicht. Die Götterhäupter über einem Laden in Pompeji sind in virtuosem Lichtgekritzel und Pinselgewitter wie von Frans Hals. Es gibt einen ironisch-primitiven Klassizismus wie von Derain; Farbquadrate wie von Mondrian; Akte mit einem Fleischton wie von Raffael; einen Marsyas, der sienafarbenes Blut verspritzt, während ihn Hunde in die Schenkel beißen, wie vom späten Tizian; aus Lichtpünktchen zusammengesetzte Gesichter, verschwommen, so wie ein Kurzsichtiger sieht, wie von Velasquez. Obwohl die Pompejaner nicht in Öl, sondern mit ihren enkaustischen Farben malten, verfügten sie über die Fähigkeit, die Farbe wie einen Tropfen aufzusetzen und ihn sich noch um ein Zartes verbreitern zu lassen, so daß er wie eine schimmernde Perle dasteht – ein Lieblingsmittel Vermeers. Auf schwarz poliertem Untergrund malten sie winzige Lack-Chinoiserien wie in einem Rokokoschloß. Fläschchen, Kämme und Toilettensachen sind wie von Tintoretto. Eine Medea hier ist eine präraffaelitische Androgyne von Burne-Jones ...«

»Du vergißt, daß sie auch die Tomaten vorweggenommen haben, die damals noch in Amerika waren und weit davon entfernt, das wichtigste Gemüse von Neapel zu sein. Was ist dieses pompejanische Rot, dieses Krebsrot, dieses Kardinalsrot anderes als ein Tomatenrot!« Encolpio hat eine Postkarte in der Hand, ein Putto auf rotem Hintergrund ist darauf, und jetzt wird auch klar, daß er da in einem Kasten noch mehr solcher Karten hat. Er kopiert im Museum und dreht den Leuten dann die Bildchen an, er ist ein Künstler. Das erklärt seine Unruhe, seine geheime Trauer, sein werbendes Lächeln schon besser. Aber diese Karte erzeugt bei Eumolpo nur Mitleid.

»Es nützt nichts, die Sujets der Pompejaner zu kopieren, wenn man dabei nicht die Machart der Werke studiert. Siehst du nicht, daß deine Putten alle aus Pappe sind? Du hast Glück, du bist von Originalen umgeben! Wer weiß, wo Giotto seine Laterne, die in einem perspektivischen Bogengang hängt, gesehen und wo Mantegna seine Grisaillen gefunden hat. Auf jeden Fall gab es in ihrer Zeit noch mehr antike Malerei, obwohl die großen Funde noch nicht gemacht waren. Die Renaissancemaler ließen sich in Rom an Stricken in die Grotten von Neros Domus aurea hinab, um die antike Malweise zu erforschen, und schrieben mit dem Qualm ihrer Fackeln ihre Monogramme in die Gewölbe. Für David und Ingres und Böcklin waren die Pompejaner dann die große Revelation. Aber auch wenn Tizian und Tintoretto und Veronese wahrscheinlich niemals viel antike Malerei gesehen haben, stammen sie aus derselben Familie wie die Pompejaner. Wer malt, wer die Wirkung des Lichtes auf plastische Körper mit Farben wiedergeben will, der wird, ganz gleich welchem Jahrhundert und welcher Epoche er angehört, immer zu ähnlichen Verfahrensweisen und verwandten Ergebnissen gelangen. Der Kolorismus ist das Gesetz einer Malerei, die vom bloß zeichenhaften Abschildern zum Genuß ihres eigenen Wesens vorgestoßen ist. Deine Putten müssen Gewicht bekommen, man muß den herrlichen dicken Marmorverputz hinter der saftigen fetten Farbe spüren, wenn du ein Äquivalent zu deinen Vorbildern herstellen willst!«

Düster hat der Eumolpus des Petronius den Zustand der Kunst seiner Zeit gesehen; seine schonungs- und hoffnungslose Analyse stand in scharfem Gegensatz zu seiner unverschämten Lebensfreude. »Wundere dich nicht, wenn die Malerei gesunken ist«, hat er dem schlimmen liebenswürdigen Enkolpius zugerufen, »jeder hält heute einen Goldklumpen für schöner als alles, was Apelles und Phidias, die verrückten komischen Griechen, je geschaffen haben.«

Eumolpo am Fenster des Museums wirkt zuversichtlicher. »Wenn ich ein junger Maler wäre, ich wüßte, was ich tue«, sagt er beschwörend. »Die Verehrung des Klumpens, des Rohen, Unfertigen, Unbeseelten scheint gesiegt zu haben, aber die Welt der Farben und Formen, die Verbindung von persönlicher Handschrift und objektiver Erscheinung ist in Wahrheit so nah wie eh und je. Man muß nur einen Hauch abwischen und die Bilder Pompejis stehen so glasklar vor uns, daß wir glauben, sie mit eigenen Händen gemacht zu haben. Sie sind genaugenommen gegenwärtiger als wir. Spürst du bei ihrem Anblick nicht die Lust, nun selber einen Korb aus hellen und dunklen Pinselstrichen, aus Licht-

pünktchen und Schattenknäulchen aus der Fläche herauswachsen zu lassen?«

Welcher Fremde kann eine Suade aus breitem neapolitani-
schem Dialekt schon verstehen! Den kleinen Dicken mit
dem fetten weißen Haar schien der pädagogische Eifer gepackt zu haben; sein jugendlicher Zuhörer war nachdenk-
lich geworden und zuckte mit den Schultern.

Den Dicken haben wir später noch einmal gesehen; er trat
plötzlich mit einer Mandoline in das Restaurant und begann mit schmerzerfülltem Blick und erschöpfter Stimme
einen gellenden Gesang. Daß niemand zuhörte, war er gewohnt. Das Trinkgeld sammelte er wie ein Küster, der mit
dem Klingelbeutel herumgeht. Ein Haufen Fische war in
einer unbedenklichen Manier mit dicken roten und blauen
Pinselstrichen auf die Wand des Speisesaals gemalt. Achtlos glitten seine Augen darüber hinweg.

VENEDIG MIT FÜNF SINNEN
WAHRGENOMMEN

Meine Spaziergänge in Venedig gehen meist von San Samuele aus, einem Stadtviertel im Sestiere San Marco. Dort befindet sich das kleine Haus meines Gastgebers, des retirierten Kapitäns Rizzetto. Rizzetto war früher blond und hat blaue Augen; er ist wirklicher Venezianer. Seine kleine, straffe Gestalt steht in der richtigen Proportion zu den Häusern der engen Gassen, die er in seinen vielen Kommissionen von morgens bis abends durcheilt. Wenn er aus dem Dunkel in das Licht der weiten Plätze tritt, dort, wo sich die photographierenden Scharen der Fremden ballen, murmelt er nach blitzschnellem kühlem Seitenblick: »*Povera Venezia*! Armes Venedig!«, während er schon wieder in einer schattigen Gasse verschwindet. Rizzetto spricht von seiner Vaterstadt, der an Schönheiten reichsten Stadt der Welt.

Die Schönheit der Seerose Venedig ist einem Angriff ohnegleichen ausgesetzt. Verfall, Industriegifte, Sturmflut und Menschenmassen wetteifern darin, das kunstvolle Stadtgebilde auszuhöhlen und zu überschwemmen. Daß der kostbare Bestand immer noch nicht aufgezehrt ist, erklärt sich nur aus einem in unseren armen Zeiten nicht mehr vorstellbaren Reichtum. Immer noch betreten wir das geplünderte, ruinierte Venedig mit fassungslosem Staunen und dem beschämenden Wissen, selbst nichts zu besitzen.

Ein Rätsel, daß es Venedig noch gibt. Fast ebenso rätselhaft, daß in der Stadt noch Venezianer leben. Einstmals waren sie ein Volk, heute sind sie die Bewohner einer Provinzstadt, aber der Kapitän Rizzetto hält daran fest, daß er kein Italiener ist. Er hat die Trümmer von Hiroshima gesehen und die Weihnachtsbäume von New York, aber er wird nie das kleine Haus in San Samuele verlassen, in dem seine Familie schon seit Jahrhunderten lebt. Ein fester Punkt ist notwendig, um die Welt aus den Angeln zu heben – lebensrettend wird er, wenn sie bereits aus den Angeln gehoben ist.

Venedig hören

San Samuele – piccola contrada – grande bordele!
Senza ponte, cattive capane,
gli uomini cornuti – le donne puttane!

San Samuele – kleines Viertel – großer Puff!
Ohne Brücke, mit schlechten Glocken,
die Männer Hahnreie – die Frauen Huren!

Das Liedchen stammt aus dem 18. Jahrhundert. Damals
war fast das ganze Viertel ein einziges großes Opernhaus –
eines von sieben in Venedig. Wer in San Samuele wohnte,
lebte von der Oper. Die Aufführung prächtiger Ausstat-
tungsstücke beschäftigen Bühnenmaler und Garderobieren,
Lampenanzünder und Orchestermusiker. Den Sängerinnen
und Chormädchen wurde Nachgiebigkeit gegenüber den
Anträgen des männlichen Publikums nachgesagt, mit einem gewissen Recht wohl, denn eine Schauspielerin
brauchte nicht auf ihren Ruf zu achten. Wenn Geld herein-
kam, wurde es jedenfalls nicht dazu verwendet, Kirchen-
glocken aus Bronze zu stiften. Die schlechten Glocken sind
geblieben und rechtfertigen mit ihrem Gebimmel, daß das
kleine Lied von San Samuele noch immer gesungen wird,
aber das große Opernhaus mit seinem geräuschvollen und
bunten Menschenschwarm ist verschwunden. San Samuele
liegt heute auch werktags in feiertäglicher Stille. Seine
eigentlichen Geräusche erwachen erst in der Nacht.
Das Haus des Kapitäns Rizzetto liegt zwischen zwei
Straßenzügen; es gehört zu den stets etwas verblüffenden
Gebäuden, die man von der einen Straße her betreten und
über eine andere wieder verlassen kann. San Samuele ist
senza ponte, ohne Brücke, folglich auch ohne Kanäle. Sein
Labyrinth ist nur aus Steinen geformt. In diesem Labyrinth
bewegt sich der Hall, den die Schritte eines einsamen
nächtlichen Fußgängers hervorrufen, wie das Geflüster im
Ohr des Dionys zu Syrakus. In meinem Schlafzimmer kreu-
zen sich die Schallwellen aus allen Richtungen. Der südliche kahle Raum mit dem bunten Terrazzofußboden, der
Balkendecke und dem Marienbild von der Hand eines der

spätbarocken Madonnieri wird zur Muschel, in der sich weit entfernte Stimmen fangen. Die Stille läßt jeden Laut zu überwirklicher Deutlichkeit anwachsen. Längst ist das letzte Dampfboot mit seinem Tuckern im schwarzen Wasser des Großen Kanals vorbeigezogen.

Das Erschrecken ist immer neu: Plötzlich höre ich im Nebenzimmer zwei Männer sich mit tiefen Stimmen in gereiztem Ton unterhalten. Nach einer Weile scheinen sich die beiden ins Parterre verfügt zu haben, das in Venedig, wo es keine Keller gibt, als Cantina dient. Der Raum ist dunkel und feucht, Rizzetto lagert Öl in Korbflaschen und seinen Wein darin, dazwischen liegt eine große ausgestopfte Suppenschildkröte. Die Vorstellung, daß Leute in das schlafende Haus eingedrungen sind und sich nun ungezwungen darin bewegen, lähmt mich. Aber als ich mich schließlich ins Treppenhaus wage, atmet alles wieder den tiefsten Frieden.

Das Haus des Kapitäns Rizzetto steht wie ein großer Klangkörper, wie ein steinernes Cello in der Straßenzeile. Die Passanten lassen es mit ihren Schritten und Stimmen erklingen. Die Unterhaltung der beiden Männer dringt nun schon aus großer Entfernung herein. Die Stimmen bilden ihr eigenes Echo, das, allmählich zarter werdend, in der Nacht verflattert. »Das Echo gehört zum Wesen der venezianischen Musik«, sagte Rizzetto einmal, als er mir die beiden einander gegenüberliegenden Chorkanzeln in San Marco zeigte, von denen aus sich die beiden Seraphim des Monteverdi ihr Sanctus zugerufen haben. »Das Echo hebt die starren Rhythmusgrenzen auf und läßt den Raum in die Melodie eindringen.« Für die Zufallsgeräusche der Nacht bewirkt das Echo das Gegenteil: es gibt ihnen die Gestalt einer Komposition.

Meeresluft ist eines der stärksten Parfüms der Natur. Auf der kleinen Dachterrasse des Kapitäns Rizzetto erhascht man nur einen taschentuchgroßen Ausblick auf das türkise Wasser des Großen Kanals und ist doch vom Geruch des Meeres umgeben. Direkt nach der Ankunft entfaltet er seine größte Intensität. Die Nase stellt fest, was das Auge nicht sieht, wenn es auf Marmorsäulen und Ziegelmauern blickt: ich stehe nicht am Strand des Meeres, sondern schwimme mittendrin, an Bord eines riesigen steinernen Schiffes. Weil dieser Salz- und Algengeruch der stärkste und allgegenwärtig ist, wird er dann am ehesten vergessen. Was wir tagtäglich riechen, riechen wir überhaupt nicht mehr. Die blaue Gaswolke, die sich hinter den Motorbooten auf den weißen Schaum legt, entwickelt dann mehr Kraft als die dem Auge unermeßliche Wasserfläche. Rings um den Rialto, der Weltbörse des Mittelalters, liegen heute selbst in der Nacht die Düfte des Gemüses, das hier am Tag in grauen Zeltständen verkauft wird. Die täglich geschrubbten Steinplatten der gotischen Fischhalle verlieren niemals den Geruch der Schuppen und blutigen Fischblasen, die die Händler am Tage in geübtem Schwung beim Ausnehmen der Fische auf den Boden fliegen lassen. Über weit abgelegenen Kanälen, die mit den Gezeiten des Meeres nicht in Verbindung stehen, kann in der Hitze die Beklommenheit dumpfer Brackwasserdüfte stehen. Im Winter hingegen ist jede Ansammlung von Menschen in der Kirche, im Foyer der Theater, an den Tresen der Cafés von einer leisen Note Mottenpulver umhüllt, denn die venezianischen Hausfrauen lieben ihre Kaschmirmäntel und Pelze und schützen sie gründlich.

Nur der Frühling hat keinen eigenen Duft. Venedig ist eine Stadt mit wenigen Bäumen und Blumen. Daher zieht der Kapitän Rizzetto, wenn es Ostern wird, eine englische Wolljacke und braune Schuhe an und fährt aufs Festland, auf die *terra ferma*, deren hügeliges Voralpenland die Lieblingsregion der großen venezianischen Maler wurde. Tizian und Giorgione malten für die meerebewohnenden Venezianer keine Schiffe und keine Wasserflächen, sondern die bräunliche Erde und die gelblichen Knospen einer fast noch unbelaubten Pappel. Das Land auf diesen Bildern ist kein Bauernland, sondern eines für Städter. Venezianer betreten eine Wiese mit einer Behutsamkeit, wie sie der bewundernde Fremde aufbringt, bevor er seinen Fuß auf die gewellten Mosaikböden des Markusdomes setzt. Frische und eine schwere Süße verbinden sich in den Landschaftsausblicken der Cinquecento-Maler zu einer einzigartigen, einer venezianischen Mischung. Der Geruch würziger Frühlingserde, der dem empfindlichen Betrachter daraus entgegenströmt, ist die Erfindung der Sehnsucht.

Im allgemeinen kommt der Kapitän Rizzetto gut auch ohne Landluft aus. Schnee und Regen auf dem Land sind ihm unbehaglicher als die Sturmflut in der Stadt. Aber wenn der Frühling trüb bleibt oder wenn Ostern zu früh liegt, um schon auf die *terra ferma* zu fahren und die Pflanzenluft zu atmen, dann stellt sich doch ein Gefühl des Mangels ein. Zum Glück liegt die Accademia in der Nähe von San Samuele. Die Gewitterwinde auf Giorgiones »Tempestà« treiben ganze Wolken von Gras- und Blätterduft vor sich her. Die junge Frau schaudert, weil der feuchte Wind ihre nackte Haut berührt, das Bachplätschern geht im aufziehenden Rauschen fast unter. »Gut gemacht«, sagt Rizzetto, denn als Bürger einer Hauptstadt der Malerei wird er sich nie ekstatisch äußern. »Gut gemacht« ist das Bild, das ihm den Frühling auf dem Festland ersetzt. »Gut gemacht« ist eine Malerei, die man riechen kann.

Venedig fühlen

Ich fühle Venedig mit den Füßen. In keiner europäischen Stadt geht man so viel zu Fuß wie in Venedig. Auf dem Stadtplan erscheint keine Entfernung weit, die Wegführung, die Goethe vielleicht »schlangenwandelnd« genannt hätte, verbirgt sich auf den ersten und den zweiten Blick. Die allgegenwärtigen Kanäle erzwingen weite Umwege. Wer nach Süden will, muß erst einmal nach Norden gehen. Plätze, die vom Murmeln menschlicher Stimmen erfüllt sind, wechseln mit ausgestorbenen Gassen. Man wendet sich nach rechts, dann nach links, geht lange zwischen eng aneinandergerückten Ziegelmauern und steht plötzlich vor grünem Wasser. Zurück also. Aber wo sind wir hergekommen? Rechts oder links? Mit etwas Glück hat man sich endlich verirrt.
Wer sich in Venedig noch nicht verirrt hat, hat noch kein Gefühl für die Stadt erworben. Man muß einmal müde geworden sein, sein Ziel zu erreichen, und nur noch weitergehen, weil man in der engen Gasse zwischen hohen Mauern nicht einfach stehenbleiben kann. Jeder Stein der Pflaste-

rung ist von edlerer Substanz und von präziserer Behandlung als die meisten Skulpturen, die unsere Zeit auf den Museumssockel stellt. An feuchten und dunklen Tagen schwellen das Rot der Ziegelsteine, das Weiß des istrischen Marmors, von dem die Fenster umgeben sind, und das Blaugrau der Pflastersteinplatten zu einem mächtigen Farbdreiklang an. Und vor uns ist schon wieder ein Zipfel flaschengrünes Wasser zu sehen. Der Faden ist gerissen, wir haben uns verlaufen. Nach zwei Stunden umherschweifen ist die Vorstellung, man müsse einmal irgendwo ankommen, endgültig verschwunden. Man hat verstanden, daß man bereits angekommen ist, weil Venedig im ganzen ein einziges großes Gebäude darstellt. Nun läuft man durch seine Korridore, betritt seine Zimmer und Säle, die vom Meereslicht durchflutet werden, und gerät schließlich an die Grenzen des Riesenbaus, von wo sich der Blick auf das weite Wasser öffnet. Im Laufen löst sich ein altes Mißverständnis auf: Venedigs Architektur sei eine Architektur der bloßen Fassade. Diese Meinung haben ernste Gelehrte geboren, für die jedes Haus ein für sich allein geplantes Einzelgebilde ist. Solche Häuser sind aber in Venedig nie gebaut worden. Das, was in Venedig zunächst als Außenfassade eines Gebäudes erscheint, ist in Wahrheit die Innenwand eines ganz anderen Raumes.

Wie sehr die Plätze Zimmern gleichen, bemerke ich, wenn ich unversehens dem Kapitän Rizzetto begegne. Von weitem habe ich ihn im Lauf des Tages schon einige Male gesehen. Er bog entfernt um eine Ecke, er eilte mit beherrschten Schritten die flachen Stufen einer Brücke hinauf und verschwand im Hinabsteigen ebenso rasch wieder hinter ihr. Seine Schritte sind geräuschlos, und bisweilen habe ich nur seinen zimtfarbenen weiten Mantel erkannt. Aber schließlich war die Begegnung nicht zu vermeiden. Der Platz war leer; Rizzetto stand mit zwei Herren in gedämpfter, zwangloser Unterhaltung und machte mich mit seinen Freunden bekannt. Daß wir alle Mäntel trugen, änderte nichts an dem Eindruck, in einem geschlossenen Zimmer zu sein, denn viele große Häuser in Venedig sind nicht gut geheizt. Die gotischen Fenster des Palastes, der die Schmalseite des Platzes einnahm, bildeten ein Ornament wie auf einem großen Wandteppich, kunstvoll asymmetrisch und doch nach den Gesetzen einer gleichsam physikalischen Ästhetik genauestens ausgewogen. Der Kapitän Rizzetto verfolgt dies venezianische Gesetz sogar beim Tischdecken. »*Mai simmetrico!* Niemals symmetrisch!« sagt er leise, wenn er die Weinkaraffe ein paar Zentimeter aus der Mitte des Tisches schiebt.

VENEDIG SCHMECKEN

»... am Tag des Heiligen Michael erschien Lorenzo in aller Frühe mit einem großen Kessel, in dem die Makkaroni kochten; ich stellte sogleich Butter auf ein Kohlebecken, um sie zu schmelzen, und bereitete meine zwei Pfannen vor, die ich mit Parmesan bestreute, den er mir fertig gerieben gebracht hatte. Ich nahm die Schaumkelle und begann anzurichten, wobei ich nach jedem Löffel Butter dazugab und Käse darüber streute. Die Nudeln schwammen in Butter, die bis zum äußersten Rand der Platte reichte ...« Es ist

Giacomo Casanova, der da Makkaroni kocht, aber der Ort, an dem das geschieht, ist fast noch ungewöhnlicher als der Koch: die Bleikammern, das berüchtigte Staatsgefängnis von Venedig nämlich, in dem Casanova wegen des Verdachts der Spionage festgehalten wurde. Die Makkaroni in Butter und Parmesan erhielten bei der Flucht des abenteuernden Schriftstellers aus dem Gefängnis eine wichtige Funktion. Der Wächter, der die Platte von einer Zelle in die andere trug, mußte so sehr darauf achten, die flüssige Butter nicht überschwappen zu lassen, daß er nicht merkte, wie er zugleich ein Brecheisen transportierte. Bei ihrer Eignung für den Zweck waren die Makkaroni in Butter und Parmesan keineswegs ein ausgefallenes Gericht, denn in Venedig wird viel mit Butter gekocht, und Casanova, der in San Samuele geboren wurde, weil sein Vater am Teatro di San Samuele als Schauspieler engagiert war, hat seine Mutter wahrscheinlich fast täglich solche Makkaroni bereiten sehen. Auch der Kapitän Rizzetto ißt sie gern auf diese Art; er liebt die Fischgerichte nicht mehr so recht, seitdem er im Krieg fünf Jahre lang ausschließlich Fisch zu essen bekam. Alles Süße wurde damals zu einer wahren Himmelsspeise. Die Nähe des Orients, die Verbindung mit Byzanz und später den Türken haben die venezianische Patisserie begründet. Dann kamen auch noch die Österreicher, die auf ihre Weise gleichfalls ein Türkenerbe angetreten hatten, und fügten letzte Verfeinerungen hinzu, vielleicht um der gefallenen Stadt das Schicksal der Unfreiheit buchstäblich zu versüßen. Der Kapitän Rizzetto weiß sich daher in einer bedeutenden vaterländischen Tradition, wenn er seinen Gästen eine Sachertorte backt, von der er behauptet, daß man sie so gut in Wien nicht bekomme. In den Kaffee danach gibt er aus einer in Murano geblasenen Flasche mit zwei sonderbaren Hälsen ein paar Spritzer Anisliqueure, wodurch aus dem Konzentrat in der Tasse ein *caffè corretto* wird. Alles Süße muß immer auch ein wenig bitter sein.

»In Amerika haben die Leute ganze Bibliotheken von Kochbüchern in der Küche, aber ich habe dort noch nie etwas Genießbares zu essen bekommen«, sagt Rizzetto. Er könnte sich nicht vorstellen, jemals ein Kochbuch zu benutzen. Man ißt nur das, was schon immer im eigenen Lande gekocht wurde. Die stummen Heerscharen der Toten haben tausend Jahre lang erarbeitet, was einem venezianischen Magen bekommt; solche Erfahrungen zu verlassen, wäre ein Verstoß gegen den Instinkt, den Lebensnerv jeder Kultur.

In der Stadt, in der Casanova kochte, wird am Ende selbst die Tinte zur Delikatesse. Die Sepia des Tintenfisches bildet nicht nur den Stoff, aus dem die Zeichnungen des Mantegna und des Piazzetta, die Schriftzüge der Manuskripte in der Biblioteca Marciana über das Papier geflossen sind, sie wird zugleich auch eine sehr eigentümliche schwarze Sauce, die den weißen Reis dunkel färbt. Der *riso nero* ist das einzige Fischgericht, das dem Kapitän Rizzetto noch zusagt, weil es, wie er sagt, »nicht nach Fisch schmeckt und doch nur aus dem Meer stammen kann«. Das Meer war einmal Venedigs Eigentum. Rizzetto ißt seinen schwarzen Reis wie einen heimlichen Tribut des Wassers an seine einstige Königin.

Obwohl er eigentlich keine Zeit hatte, kümmerte sich der Kapitän Rizzetto bei meinem ersten Besuch doch darum, daß ich etwas von Venedig sah. Er verfüge über eine freie Stunde, um mir etwas besonders Wichtiges zu zeigen, teilte er mir früh am Morgen mit. Ich kannte nichts außer dem, was die ganze Welt von Venedig weiß, und beeilte mich, seinem schnellen Schritt zu folgen. Rizzetto grüßte beständig nach rechts und links, während wir im bläulichen Morgenlicht in raschem Tempo einen unaufhörlichen Wechsel dunkler Gassen und steinerner Plätze hinter uns ließen. In Santa Maria del Giglio gebe es einen Rubens, sagte Rizzetto, als die Kirche schon hinter uns lag. San Moisè habe früher doppelt so viele Statuen besessen, sagte er, indem wir die mit Figuren überkrustete Fassade links liegen ließen. Während wir durch die mächtigen Arkaden der *procuratie nuove* den Markusplatz betraten, stockte mir das Herz, aber langsamer durfte ich dennoch nicht gehen, wenn ich Rizzettos beiläufige Erklärung verstehen wollte, Napoléon, der den Platz überhaupt nicht verstanden habe, sei durch den lächerlich symmetrischen Neubau an der unteren Schmalseite zum Zerstörer der ganzen Anlage geworden. Wie ein türkisches Sultanszelt lag golden und weiß der Markusdom vor uns. »Keineswegs ein Dom!« bemerkte Rizzetto und lenkte mich schon zur Piazzetta hin, »die Bischofskirche von Venedig ist San Pietro di Castello, weit weg von hier!« Und nun folgte der gewaltige Block aus rosa Marmor, der auf durchbrochenem weißem Spitzenwerk ruht, der Dogenpalast, den wir ebenfalls keiner weiteren Betrachtung würdigten. Zwischen den Säulen mit dem Markuslöwen und dem Heiligen Theodor und seinem Krokodil öffnete sich das Meer; das Wasser stand hoch und die Wellen setzten die weißen Marmorfundamente fast auf gleicher Ebene fort.

Während ich mit offenem Mund dastand, kaufte Rizzetto Billetts für das Boot und traf dabei einige Bekannte. An Bord war er in flüssige, aber gezügelte Unterhaltung versunken. Der Dogenpalast wurde kleiner, viel blaugrünes Wasser lag nun schon zwischen ihm und uns; dafür wuchs die ebenmäßige Fassade von San Giorgio Maggiore, und zur Rechten taten sich weitere Palladio-Kirchen auf, so als lasse die alte Stadt den palladianischen Reformstil nur bis zu einer gewissen Entfernung an sich heran. Auch für diesen Bau schien sich der Kapitän nicht zu interessieren, wir betraten den weißen Tempel durch den Seiteneingang, hasteten durch Korridore, über enge Treppen, durch kassettierte Türen und standen schließlich in einem schlichten Saal vor einem ledern wirkenden, bräunlich stumpfen Gemälde von feinster Zeichnung. »Der Heilige Georg von Carpaccio«, sagte Rizzetto mit durch Ironie gemilderter Zärtlichkeit in der Stimme, »mein Patron. Ich heiße Giorgio.«

Erst später habe ich begriffen, daß mir der Kapitän Rizzetto auf diesem Gang sehr viel von Venedig gezeigt hat, das Wesentliche nämlich. Ich habe während dieses Ganges erfahren, daß in Venedig die Eindrücke äußerster Schönheit in den Alltag hineingewoben sind. Bei den Geschäften des täglichen Lebens beständig von außergewöhnlichen Kunstwerken umgeben zu sein, betäubt den Besucher aus dem Norden, der gewohnt ist, ein Leben in Häßlichkeit zu führen und seinem Schönheitsbedürfnis nur in Museen und auf Reisen nachzugeben. Im Schatten erhabener Architektur ein bürgerliches Leben zu führen, erscheint uns Puritanern frivol und unwirklich. Daß diese Kaufmannsrepublik während ihres fast tausendjährigen Bestehens immer süchtig nach großer Kunst war, kommt uns fast sträflich vor. Ein kleiner Staat, der in seinem Kunsthunger jede Ökonomie verläßt, ist der in seinem Niedergang nicht gerechter Strafe anheimgefallen? Die Stadt mag verkommen oder ein Museum werden – nur *gelebt* werden darf nie wieder auf solchen Höhen!

Der Kapitän Rizzetto hat eine Ahnung von diesem, dem eigentlichen Todesurteil über Venedig. Er ist durchaus prozeßerfahren. Man könnte Berufung einlegen, man könnte auch um Gnade bitten. Aber am besten ist doch das Verschleppen, Hinziehen, Verzögern. Vielleicht sieht ein neues Jahrhundert mit freundlicherem Blick auf die beispiellose Stadt.

RÖMISCHE TAGESZEITEN

Einen bestimmten Geschmack von Rom hatte ich auf der Zunge, als ich für einige Wochen ein Quartier zum Arbeiten suchte; ich hielt Ausschau nach einem Zimmer, in dem ich fühlen würde, daß ich in Rom war, ohne dafür das Haus verlassen zu müssen.

Die Deutschen haben, im vorigen Jahrhundert vor allem, ein Bild von Rom geschaffen, das seine Herrschaft über die Seelen behauptet: das Rom der antiken Ruinen, einer trauernden Campagna, wo Schafe zwischen kopflosen Statuen weiden; das Rom der Sonnenuntergänge zwischen halb in der Erde steckenden Triumphbögen, begleitet vom Dudelsack eines Abruzzenhirten. Dieser Blick, der auf den Untergang des Römischen Reiches konzentriert ist, befriedigt gewiß manche im Gebiet des Weltanschaulichen angesiedelten Wünsche, er versperrt aber die Einsicht in das eigentliche römische Wunder. Nicht das Ende des Römischen Reiches müßte das Staunen erregen, sondern sein Fortbestand in Gestalt der Römischen Kirche.

Dieses »ewige« Rom, dieses durch die Stationen der Geschichte fortwuchernde, in beständiger Zwiesprache mit seinem eigenen Wesen versunkene und sich dabei in immer neue Formen kleidende Rom war es, das ich durch die Zimmerwände wahrnehmen wollte, während ich über die Kastanien des Frankfurter Westends schrieb. Eine geeignete Möglichkeit fand sich am Rande des alten Ghettos. Durch die hohen Fenster sah man auf ein düsteres kleines Oblatenkloster, dessen Grundmauern zyklopische Bögen aus den Tagen der römischen Republik stützten. Die Backsteinkuppel der Madonna del Pianto, der Muttergottes, die über die ungläubigen Juden weint, warf ihren Schatten auf die koschere Metzgerei, in deren Türsturz der Architrav eines Tempels eingemauert war. Nachts rauschten zwei Brunnen, die tagsüber durch die Motorräder nicht zu hören waren. Die Aussicht gefiel mir, obwohl ich sie nur selten gesehen habe. Ich ließ mich belehren: Ein römischer Fensterladen bleibt geschlossen. So verbrachte ich meine Zeit denn im Halbdunkel.

DER MORGEN

Der Frühmesse, die ein englischer Freund in San Lorenzo in Lucina zelebriert, verdanke ich meine Spaziergänge durch das morgendliche Rom. Komme ich nicht, ist der junge Priester allein in der großen Basilika oder vielmehr »in Gegenwart der Engel«, eine Lehre, die von der voltairianisch gewordenen Kirche allerdings belächelt wird. San Lorenzo in Lucina gehört keineswegs zu den Hauptsehenswürdigkeiten der Stadt, sondern erfüllt mit Grazie römisches Normalmaß: Sie reicht in das allerfrüheste Christentum zurück und wurde anstelle eines Privathauses errichtet, in dem eine römische Dame bereits die Christen versammelt hatte; der römischste der französischen Maler, Nicolas Poussin, liegt in ihr begraben; Bernini hat frappierend lebendige Büsten für sie geschaffen, und über dem Hochaltar ragt vor einem veilchenfarbenen Himmel mit lilienweißen Gliedern der gekreuzigte Christus auf, den Guido Reni gemalt hat, als wolle der festgenagelte Körper in einem Sprung in die Höhe schießen. Dazwischen viele finstere Gemälde, verstaubte Altäre, welkende Blumen und schiefe Kerzen.

In einem Ornat aus grünem Brokat bewegt sich der kleine englische Priester gemessen unter dem überlebensgroßen Guido Reni. Seit beinahe zweitausend Jahren werden in San Lorenzo in Lucina nun schon solche Messen gelesen, in Anwesenheit zahlreicher Kirchenfürsten und vor tausend Pilgern oder aber auch von einem einzigen ausländischen Priester für einen einzigen Gläubigen. Alt ist auch der Gegensatz zwischen der mystischen Ekstase des Erlösers, wie sie auch Guido Reni heraufbeschwört, und der unnachgiebigen formalen Strenge, mit der sein Kult gefeiert werden muß. Der Kopf des weißen Christus ist auf seine Schulter gesunken, seine Augen sind selig halb verschleiert, die Lippen halb geöffnet zu einem einzigartig persönlichen Gebet, und genau unter ihm neigt sich der kleine Priester im grünen Brokat, schlägt mit Hilfe eines seidenen Bandes eine neue Seite des Meßbuches auf und liest genau dieses Gebet in gleichmäßigem, beherrschtem Tonfall, übersetzt in eine Sprache, die Jesus nicht gesprochen hat.

Die Römische Kirche hat sich eine einzigartige Aufgabe vorgenommen: das Flüchtige sichtbar zu machen, das Einmalige zu wiederholen, das Persönliche in das Allgemeingültige zu verwandeln. So wird es denn möglich, daß ein englischer Priester in Roms alter Sprache zweitausend Jahre zurückliegende Ereignisse, die sich in Jerusalem abgespielt haben, zeremoniell in die Gegenwart zurückrufen kann. Wenn man so will, lebt Roms universelle Geste in diesem Augenblick viel stärker in meinem englischen Priester als in den Römern, die gegen Ende der Messe allmählich damit beginnen, auf dem Platz vor der Kirche einen Gemüsestand aufzubauen.

Diese Gemüsehändler, die hier für alle Bewohner Roms stehen, haben wenig Sinn für den Fortbestand römischer Größe. Sie sind die Bürger einer krisengeschüttelten Gemeinde, die zu schnell zur Millionenstadt wurde und die ihre Vergangenheit wie eine Zentnerlast hinter sich herschleift. Die Römer sind Italiener geworden. Hauptstadt eines Industriestaates zu sein hat aber seinen Preis. Der Frieden des frühen Morgen täuscht: bald bricht die Hölle los. *»Pax Domini sit semper vobiscum«*, flüstert der englische Priester, während die Stadt Atem holt, um ihm aus tausend Lautsprechern die Antwort entgegenzubrüllen.

DER MITTAG

Um die Mittagszeit wird es plötzlich stiller; das Brunnen-rauschen taucht aus den gegen ein Uhr verebbenden Geräuschfluten wieder deutlich hörbar auf. Das ist die Stunde, in der sich in der aus schmalen Ziegeln aufgeschichteten Mauer, die dem Tor meines Hauses am anderen Ende des Platzes gegenüberliegt, eine Tür öffnet, die sonst abweisend geschlossen bleibt. Dahinter tut sich ein kleines Gasthaus auf: wenige Tische und Stühle, über deren Lehnen noch kurz vorher die fein ausgewalzten Teigfladen wie gelbe Fensterleder zum Trocknen ausgebreitet gelegen haben. Der Weg über den Platz ist reich an Hindernissen um die Mittagszeit; es kostet Entschlußkraft, sich aus der kühlen Halle des Treppenhauses zu lösen. Die Sonnenhitze hat den Platz fast unbetretbar gemacht; hundert Autos sind ineinander verklemmt und verschachtelt und speichern die Mittagsglut. Die alten Fassaden wirken ausgetrocknet wie bleiche Knochen; der Stein bekommt im weißen Licht etwas Pulvriges.

Aber in der dämmrigen Höhle hinter der Tür in der Ziegelmauer kann man wieder aufatmen; und als ob schnelle Bewegungen und laute Stimmen die kostbare Kühle beeinträchtigen könnten, bewegen sich die Gäste, die Köchin und ihr Mann langsam und lautlos und sprechen nur mit gedämpften Stimmen. Der Weißwein fließt aus einem Hahn an der Wand, ein Wunder, das nicht erstaunen darf, denn das kleine Gasthaus ist in eine alte Kirche hineingebaut; neben der Küche beginnt die Sakristei.

An den Wänden, die, wie es sich gehört, keinerlei Dekorationen tragen, hängt ein einziges kleines Photo: der Petersdom, der Petersplatz und das mittelalterliche Häusermeer – ein historisches Bild, entstanden vor der Erbauung des modernen Boulevards, dem ein ganzes altes Viertel geopfert wurde und der nun breit wie eine Autobahn auf die Kathedrale zuführt. Je länger man sich in Rom aufhält, desto schmerzhafter fühlt man die Wunden, die der Stadt im 19. und 20. Jahrhundert geschlagen worden sind: die Kanalisierung des Tiber, monströse Fahrbahnen, in gewachsene Viertel hineingebrochen, maßlose, verlassen wirkende Verwaltungspaläste. Rom sollte zur Hauptstadt Italiens werden, obwohl es doch dazu berufen war, Hauptstadt der Welt zu sein. Die Stadt, die allen Städten des Westens zum Vorbild diente, begann nun gehorsam, die zweifelhaften Errungenschaften der eigenen Pflanzstädte nachzuahmen. Das ästhetische Chaos, das jahrhundertelang für Rom kennzeichnend war, sollte aufgeräumt werden. Noch unter Pius IX., dem letzten Souverän des Kirchenstaates, besaß Rom zugleich bäuerliche und imperiale Züge; beide sind unter der Gleichförmigkeit und Massenhaftigkeit modernen Großstadtlebens fast unsichtbar geworden.

Wenn ich in die Schattenwelt des kleinen Gasthauses in der Kirchenmauer eintrat, um unter den gedämpft konversierenden Gästen zu Mittag zu essen, kam es mir vor, dies verlorene Rom lebe noch sehr dicht unter einer Oberfläche, die im blendenden Scheinwerferlicht der gedächtnislosen Gegenwart das Aussehen eines vom Leben allmählich verlassen werdenden Körpers angenommen hat.

Fast jeder Sommerabend in Rom hat etwas Blühendes und nimmt ebenso unmerklich Gestalt an wie eine sich allmählich öffnende Seerose. Zunächst nehmen die Verkehrsgeräusche ab, dafür schwellen aber die menschlichen Stimmen an, denn überall öffnen sich Türen, und sogar die Fensterläden, die den ganzen Tag über verschlossen waren, beginnen sich zu regen. Zur Zeit der größten Hitze sorgen zusätzliche innere Fensterläden für eine fast vollständige Dunkelheit in meinem Zimmer; wenn ich sie gegen fünf Uhr öffne, ist an den Sonnenstreifen, die nun durch die äußeren Läden auf den bunten Terrakottafußboden fallen, schon zu erkennen, daß das Licht seine gewalttätige Kraft bald verlieren wird. Auch auf den umliegenden Dachterrassen zeigen sich vereinzelte Spuren des Lebens. Die meisten von ihnen sind prachtvoll bepflanzt, mit Glyzinien überwuchert und mit einer verwitterten Spalierarchitektur versehen, aber niemals ist tagsüber auch nur der Schatten eines Menschen auf ihnen zu erblicken. Nun treten da und dort ein Mann oder eine Frau heraus, bleiben einen Augenblick an der Tür stehen, gehen ein paar Schritte zur Brüstung, atmen einige Züge der sich allmählich aprikosenfarben tönenden Luft und verschwinden dann wieder schnell im Dunkel, als sei der Aufenthalt auf der Terrasse wie eine Droge, die der Kenner nur in genauer Dosierung genießt. Die Straße hat sich gleichzeitig in die Terrasse der kleinen Leute verwandelt; überall stehen Stühle vor den Häusern, und von Gesprächsrunden steigen zahlreiche Stimmen nach oben, die sich vor meinem Fenster schon zu einem allgemeinen Gemurmel vereinigt haben. Je älter die Steine sind, desto wohler tut ihnen der Sonnenuntergang. Niemals sieht das römische Forum so wenig wie eine archäologische Ausgrabungsstätte aus wie im Abendlicht. Das Murmeln der *passeggiata* im Rücken, schenkt das grüne Tal, aus dem Bruchstücke weißen Marmors leuchten, die Vollendung entrückter Stille. Die erdfarbenen Schiffe antiker Tempel, die frühzeitig schon in Kirchen umgewandelt wurden, schieben sich von links in diese Garten- und Ruinenlandschaft; die Glocken läuten zur Komplet. Das Rätsel dieser Stadt nimmt im abendlichen Forum Romanum Gestalt an: Wo gibt es noch einmal eine Metropole, deren Herz ein riesiges schweigendes Trümmerfeld bildet? Rom ist die Stadt der Gräber – Gräber säumen die großen Ausfallstraßen der Kaiserzeit, aus Gräbern heraus wuchs die Weltkirche, die Kuppeln der Stadt haben keine andere Bedeutung, als den Ort eines Grabes anzuzeigen. Wann immer Rom Visionen von der Zukunft formte, blickte es auf Gräber, und das heißt in die Vergangenheit. Dieser Blick zurück ist die Quelle der Kraft für die in der Menschheitsgeschichte bisher größte Umgestaltung: die römisch-christliche Zivilisation, deren Ende, wie viele meinen, nun angebrochen sei. Wer die Zukunft in der Vergangenheit sucht, gilt unseren Zeitgenossen als Narr, ohne daß sie fähig wären, aus dem ungreifbaren Stoff der Gegenwart ein Bild der Zukunft zu formen. Und so vermögen denn die abendlich vergoldeten Giebel des Forums, bestenfalls melancholische Sehnsucht zu erwecken, wenn wir nicht mehr willens sind, sie als Bausteine unserer eigenen Welt zu betrachten.

DIE NACHT

Um Mitternacht ist mein Viertel wie ausgestorben. Die Laternen an den ockerfarbenen Mauern werfen ihre Lichtkreise auf ein Straßenpflaster, über das im sanften Nachtwind schmutzige Zeitungsfetzen treiben. Der Platz vor dem Palast ist leer, aber unter jedem Auto, das hier tagsüber gestanden hat, waren ein zerknülltes Papier, Flaschen und Orangenschalen verborgen, die nun wie Lebewesen minderer Art die großen schwarzen Basaltplatten bevölkern, von mageren Katzen im Spiel bewegt. Der Weg durch diese Verlassenheit führt fast nie an einem erleuchteten Fenster vorbei. Wie eine erlesene Zimmerflucht mit hohen, geöffneten Türflügeln durchquere ich eine kleine Reihe edler Plätze: die Piazza Mattei mit dem Schildkrötenbrunnen, der aussieht wie ein kostbares Salzfaß, die düstere Piazza Capizucchi, umgeben von titanischen Mauern, die Piazza Margana, die ländlich wie aus einer neapolitanischen *presepe* wirkt, die schwarzen Barocksäulen von Santa Maria di Campitelli, und ich bin noch immer niemandem begegnet. In den vertrockneten Parkanlagen, aus denen rund um das Capitol verwitterte Steinhaufen aus ältester Zeit ragen, regen sich die ersten Schatten: Im Umkreis zerbrochener weißer Marmorsäulen wird mit Heroin gehandelt. An einem Feuerchen wärmen sich drei junge Huren mit nackten Beinen, als seien sie Marketenderinnen der Landsknechtzeit.

Wenn ich nachts in Rom spazierengehe, kommt es mir immer vor, als sei die Stadt von einer Pest oder einem Eroberer bedroht: wer etwas zu verlieren hat, ist längst geflohen;

geblieben sind nur diejenigen, die von keiner Unordnung mehr zu erschrecken sind und die nun durch die Straßen streifen, ohne sich des schutzlos zurückgelassenen Riesenschatzes wirklich bemächtigen zu können. Selbst da, wo es noch hell und laut ist, vor dem Pantheon etwa oder auf der Piazza Navona, hat die Menschenmenge etwas Ruheloses und Konfuses, ein Heerlager, das mit Lärm und Verwüstung eine Region vollständig beherrscht und das doch beim ersten Signal blitzschnell abgebrochen werden kann. Ein Blick zum tiefpflaumenblauen Himmel, in den die Kuppeln bräunlich hineinragen, läßt das Gewusel unten doppelt ameisenhaft erscheinen. Nachts liegt die Stadt Rom fremdartig und monumental da, nichts verbindet ihren geborstenen Riesenorganismus mit dem provisorisch anmutenden Betrieb, der sich zu Füßen der Steingebirge entfaltet. Ein Wolkenkratzer in Manhattan, dessen Höhe die des Pantheon um ein Vielfaches überragt, ist auf den ersten Blick als die Behausung Tausender Zwerge zu erkennen; die Kuppel des Pantheon aber, die Wölbungen der Maxentius-Basilika, der Petersdom und der Palazzo Farnese scheinen für ein Geschlecht von Titanen errichtet zu sein, die ebenso wie die Dinosaurier eines Tages ausgestorben sind. Gibt es irgendeine Brücke in diese Vergangenheit, deren gewaltige Reste uns hier schweigend umstehen, ohne an unserem Leben noch im mindesten Anteil zu nehmen? Ist die Kraft Roms, jedes neue Jahrhundert zugleich zu nähren und zu verschlingen, erloschen? Um Mitternacht steigt die alte Stadt aus dem Grab wie ein Geist, der die Antwort auf alle Fragen verweigert.

Im Haus der Muttergottes

Mit der Hilfe der Engel

Um die Mitte des 15. Jahrhunderts schreibt ein Chronist mit Namen Teramano, daß das Haus, in dem die Muttergottes in Nazareth geboren und erzogen wurde und in dem sie schließlich die Stimme des Engels hörte und ihren Sohn Jesus empfing, dort im Jahre 1291 verschwunden und »mit der Hilfe der Engel« zunächst über das Meer nach Illyrien, dann nach Loreto gelangt sei und dort seit dem 10. Dezember 1294 stehe. Teramano ist der erste, der die mündliche Überlieferung des Volkes von Recanati und Ancona festhält, und obwohl schon vorher Wallfahrten zu der »Casa Santa«, dem Heiligen Haus von Nazareth, in Loreto bekannt sind, scheint sich nun erst die Kirche bewußt zu werden, welchen Schatz sie auf ihrem eigenen Boden in der Nähe des wichtigsten Hafens des Kirchenstaates besitzt. Die Kunst macht aus dem lapidaren Bericht jenes einprägsame Bild, das jede kindliche Phantasie entzückt: Ein Häuschen aus sauber gemauerten Steinen mit einer Tür und einem Fensterchen fliegt durch die Luft, von vielen Engeln getragen, auf ein Wolkenkissen gesetzt, das die Engelsschultern polstert, und auf dem Dach sitzt mit einem im Flugwind flatternden Schleier die Muttergottes wie auf einem hochbeladenen Umzugswagen und läßt sich mit ihrem Haus in ihr neues Land befördern. Für die Geschichte der Kirche war dies ein Ereignis von höchster Bedeutung: Maria und das Haus, in dem die Heilsgeschichte ihren Anfang nahm, begeben sich unter den Schutz des Papstes; sie verlassen den schismatisch byzantinischen und islamischen Orient. Das Heilige Land ist von nun an das Patrimonium Petri. Die Päpste überhäufen Loreto mit Gunstbeweisen. Seitdem das Heilige Haus mitten auf einer Landstraße niedergesetzt worden war, ist drumherum eine Stadt gewachsen, die einen eigenen Bischof erhielt. Könige legten ihre Kronen und Szepter in Loreto nieder; bis zum Raubzug Bonapartes muß der Thesaurus von Loreto dem Schatzhaus von Delphi gleichgekommen sein.

Man müßte sich nur im Spiegel sehen können, während einem der wunderbare, von Engeln bewirkte Flug der »Casa Santa« erzählt wird, um die Reaktion zu ahnen, die die steinerne Reliquie von Loreto im Zeitalter der Aufklärung auslöste. Schon für die Reformatoren war Loreto der Inbegriff des Pfaffenbetrugs, obwohl der wahrhaft skeptische Erasmus von Rotterdam noch ein eigenes Meßformular für Unsere Liebe Frau von Loreto verfaßte. Für die neuere Wissenschaft stand fest: Ein aus dem frühen Mittelalter stammendes einsames Kapellchen war von einem teils abergläubischen und teils geschäftstüchtigen Volk zum Haus der Muttergottes erklärt worden, und ein zynischer Klerus hatte sich die Legende zunutze gemacht, um am Geschäft der großen Wallfahrten teilzuhaben.

Wie lange hat diese Wissenschaft gebraucht, das Wesen ihrer höchsten Disziplin und Überwissenschaft, der Geschichte, zu verstehen! Wie lange haben rationalistische Konstrukte und anthropologische Ideologien taub und blind für die Sprache untergegangener Epochen gemacht! Wie lange brauchte man, um den hohen dokumentarischen Wert der mündlichen Überlieferung zu erkennen! 1291 sei die »Casa Santa« in Nazareth verschwunden und mit Hilfe der Engel am 10. Dezember 1294 nach Loreto gelangt, nachdem sie zuvor in Illyrien gewesen sei. Wort für Wort hat die Überlieferung die Wahrheit gesprochen.

Der archäologische Befund: Grabungen in Nazareth haben gezeigt, daß das Haus der Verkündigung wahrscheinlich schon unmittelbar nach Christus zum Heiligtum geworden war; eine judenchristliche »Synagogenkirche« schützte das kleine Steinhaus, das vor die Höhle gebaut war, die auch heute noch in Nazareth zu sehen ist. Später stülpte sich eine byzantinische, noch später eine große Kreuzfahrerbasilika über das Häuschen, das also tausend Jahre lang geschützt und gesichert war. Bis 1291 haben Pilger es in der zum Teil schon zerstörten Kirche gesehen; nach 1291 wird nur noch die Höhle beschrieben, denn das Haus sei »weggenommen« worden.

Aber auch die Steine in Loreto sind inzwischen untersucht. Man hat Graffiti auf ihnen entdeckt, wie sie aus Nazareth und Jerusalem bekannt sind, aus hebräischen Buchstaben entwickelte christliche Monogramme. Überhaupt ist eine Steinarchitektur im Mittelalter für die Marken, die Landschaft Loretos, ungewöhnlich; hier kennt man nur den Ziegelstein. Die »Casa Santa« hat kein Fundament, denn in Nazareth stand sie auf dem gewachsenen Fels; in den Marken ist diese Bauweise unbekannt; und sie hat nur drei Wände, denn die vierte Wand wurde durch die Höhle gebildet. Zwischen dem Mörtel hat man Münzen des französischen Herzogs von Athen entdeckt, der genau zur Zeit der Translation regierte; fünf rote Stoffkreuze, wie sie die Kreuzritter an ihre Mäntel steckten, sind als Votivgaben gleichfalls in den Mörtel gemischt worden.

Der schönste Fund aber sind die Schalenreste eines Straußeneis. Nicht weit von Loreto, in Urbino, hing einst eines der Hauptwerke von Piero della Francesca: »Die Madonna mit dem Straußenei«, die für den heutigen Betrachter geradezu im Rang einer protosurrealistischen Ikone steht. Wie eine Grabbeigabe aus Terrakotta, so starr und fern, thront Maria auf diesem Bild unter einer riesigen Muschel, aus der an einem Faden ein Straußenei herabhängt. Was dem Zeitgenossen als hermetisch-exotische Verschlüsselung vorkommen muß, war den Pilgern ins Heilige Land jedoch noch ohne weiteres verständlich. In den alten Bestiarien wird gelehrt, der Vogel Strauß lege sein Ei in den heißen Sand, das der Sonnenstrahl erst befruchte. So wurde das Straußenei zum Symbol der Jungfrauengeburt. Die Pilger beschreiben, daß sie die Kirchen im Heiligen Land mit Straußeneiern geschmückt sahen, und so sollen die Teile des Straußeneis im Gemäuer der »Casa Santa« von Loreto gewiß daran erinnern, daß die Steine aus einem Heiligtum des

Heiligen Landes stammen, in dem die Muttergottes verehrt wurde.

Und wo bleiben die Engel? Auch die Engel sind durch Urkunden zweifelsfrei bezeugt. In der Vatikanischen Bibliothek hat sich ein umfangreiches Aktenstück aus dem 13. Jahrhundert gefunden, das lange niemand richtig gelesen hat. Dies *chartularium* wurde abgefaßt, als sich der Sohn des Königs von Neapel, Karl von Anjou, des Bruders Ludwigs des Heiligen, mit der Tochter des Despoten von Epirus vermählte. Die Prinzessin Ithamar stammte aus dem Haus Angeli-Komnenos und war Verwandte einer byzantinischen Kaiserdynastie. Die Familie Angeli wird »in Palästina reich begütert« genannt. Im Jahr 1291, als die Kreuzritter den Hafen Akkon verloren und klar wurde, daß die christliche Herrschaft über das Heilige Land nicht zu halten war, werden auch sie, wie so viele andere, begonnen haben, kostbare Reliquien nach Europa zu überführen. Für den Campo Santo von Pisa wurden damals Schiffsladungen voll Erde vom Heiligen Grab herangeschafft; die Koblenzer schufen in Montabaur mit Erde vom Berg Tabor einen zweiten kleinen Tabor. Im *chartularium* der Prinzessin Ithamar werden unter den Schätzen der Mitgift »die heiligen Steine, die aus dem Haus Unserer Lieben Frau, der Gottesgebärerin und Jungfrau weggenommen worden sind«, aufgeführt. Wenn man das Datum ihrer Hochzeit mit Philipp von Tarent bedenkt, dann ist es höchst wahrscheinlich, daß die Mitgift im Dezember 1294 in der Gegend von Ancona eingetroffen ist. Und auch die Zwischenstation der »Casa Santa« in Illyrien, in der Despotie Epirus nämlich, ist damit bestätigt.

Angeli haben die »Casa Santa« aus Nazareth in ihren kleinen griechischen Staat und von dort aus in das Land des
Papstes gebracht. Die Mitgift brachte der Braut kein
Glück; ihr Mann ließ sie ermorden und heiratete eine rei-
che französische Cousine.

AUSSEN UND INNEN

Unter der Kuppel des Doms von Loreto steht der kleine Palast, den Bramante um die Mauern von Nazareth herum
gebaut hat. Seit der Renaissance ist in der Architektur ein
Kult der Vollkommenheit bekannt, der in dieser Kunstform allerdings noch schwieriger zu verwirklichen ist als in
den Künsten, die einsam vor Staffeleien und leeren Blättern
betrieben werden. In der Renaissance beginnen die Architekten sich in das Plänezeichnen zu verlieben. Hier kann
man ohne Rücksicht auf Bauplätze, Material und Kosten
und ohne störende Umgebung Idealbauten entwerfen, die
eine verständnislose Realität nie auszuführen gestatten
wird.

Ganz selten gelingt es, daß ein solcher Plan dann doch einmal zur Ausführung gelangt. Die »Casa Santa« von Loreto
ist ein Idealpalast wie er sonst nur als Staffage auf einem
Gemälde erscheint. Das Bauwerk ist so klein, daß hier
einmal keine Konzessionen an die Notwendigkeiten gemacht werden mußten. Bramante hat im Auftrag von Papst
Julius II. ein Holzmodell davon herstellen lassen, das gewiß
noch hübscher als das Original in weißem Marmor ist. Das
Wort Schrein hat eine religiöse Konnotation, aber auch die

Bedeutung des Möbelstücks. Bramantes »Casa Santa« ist vor allem das zweite: ein außergewöhnlich edles und wohlproportioniertes Kästchen, eine Kassette, und in diesem Wort steckt für ein italienisches Ohr das Häuschen auch mit drin.

Man hat vermutet, daß Bramante die »Ara pacis« des Augustus, die er natürlich nur aus der Literatur kannte, im Auge hatte, als er das Gehäuse von Loreto plante. Die Herrschaft des Augustus hatte dem Römischen Reich für lange Zeit den Frieden gebracht; vor allem aber war Christus geboren worden, der den Seelen den Weg eröffnet hatte, ihren Frieden mit Gott zu schließen. Und tatsächlich besitzt das Palästchen viele Verbindungen zur römischen Antike: Grotesken, Faune, Theatermasken, Mäander von juwelierhafter Feinheit schmücken auf das Edelste und Geschmackvollste die Wandfelder und Gebälke. Die Zeichnung der Kapitelle, der Würfelmotive und Eierstäbe und wie die Gesimsteile alle heißen, ist von solcher Vollendung der Proportion, als solle hier ein für allemal gezeigt werden, wie man so etwas macht. Die Propheten und Sibyllen schauen als schöne junge Bewohner dieser glanzvollen Behausung aus den Nischen, in denen sie plaziert sind, wie aus Fenstern, und die großen Reliefs zwischen den Pilastern, aufgespannt wie Gobelins, erzählen auf eine heitere und anmutige Weise die biblische Geschichte und den Flug des Heiligen Hauses und verblüffen den Kenner dazu noch mit atemberaubenden Perspektivkunststücken, die dennoch diskret genug sind, um die ruhige festliche Harmonie des Ganzen nicht zu sprengen. Bramantes »Casa Santa« ist das Petit Trianon der Madonna – das Schlößchen im Park von Versailles hat viel Ähnlichkeit mit dem Häuschen von Loreto. Der Marmorwürfel unter der Kuppel ist ein Musterhaus. Noch Canova hat ihn so verstanden, und es gibt auch heute wieder junge Architekten, die die »Casa Santa« des Bramante studieren.

Gehen sie auch hinein? Der Unterschied zwischen Innen und Außen ist nicht schärfer zu denken. Innen gibt es keine Kunst, nur das von den Körpern der gedrängt im Halbdunkel stehenden Besucher blankgeriebene Mauerwerk. In halber Höhe beginnt der Backstein von Recanati; man hat das Haus höher gemacht, als es in Nazareth war, und diese Backsteine waren einmal mit Fresken bedeckt, von denen aber nur kümmerliche Reste geblieben sind. Es gibt einen einfachen Altar und ein neues Madonnenbild in reich bestickter Dalmatika; das alte Gnadenbild ist in den zwanziger Jahren verbrannt. Und es gibt eine Bronzeinschrift über dem Altar: »Hier ist das Wort Fleisch geworden.«

Daß die Steine von Loreto aus Nazareth stammen, kann die Wissenschaft beweisen. Die Leute, die diesen Raum betreten und darin lange still stehen, auch einmal die Hand auf einen der glatten Steine legen, glauben aber mehr über diese Mauern zu wissen. Der größte Portraitist der venezianischen Kunst, Lorenzo Lotto, zog 1554 nach Loreto, um jeden Tag in diesen Mauern sein zu können und um, wie er schrieb, »nicht auch meine alten Tage noch sinnlos zu verschwenden«. Was hat er hier gesucht?

Nach katholischer Tradition werden die historischen Ereignisse, die mit der »Casa Santa« verbunden sind, von einer Reihe innerer Geheimnisse begleitet, die in das Zentrum der Religion führen. Zwischen den Steinen von Loreto ist die Jungfrau Maria ohne Erbsünde, wie ein Mensch im Paradies geboren worden, als »neue Eva« ist sie hier aufgewachsen, bis zu dem Tag, an dem der Engel zu ihr kam. An diesem Tag wurde das Zimmer zum Thalamus, zum Brautgemach, denn mit den Engelsworten empfing sie den Gottessohn in ihrem Leib. Für einen Katholiken sind die Steine von Loreto die Zeugen des größten Wunders seit Erschaffung der Welt.

Aber auch wer nicht Katholik ist, wird die alten Mauern nicht ohne Anteilnahme betrachten. Solche Häuschen aus schiefen Wänden mit großen und kleinen Steinen haben Millionen von Menschen aller Kulturen und Zeitalter beherbergt; was gibt es, das in ihnen nicht geschehen sein könnte?

Die Lauretanische Litanei

Torquato Tasso kam im Jahre 1587 nach Loreto und empfing in der »Casa Santa« die Kommunion. »A la beatissima vergine di Loreto« heißt das Gedicht, das er nach diesem Besuch geschrieben hat; es wurde für seinen schmelzenden Wohlklang in Italien hochberühmt. Loreto hat aber noch ein anderes großes Gedicht hervorgebracht, womöglich ein noch größeres. Es hat keinen Autor; es stammt auch nicht aus nur einer einzigen Epoche. Die Lauretanische Litanei, dieses Gebet, das zugleich ein einzigartiges Kunstwerk ist, hat viel mit der »Casa Santa« gemeinsam, wie sie heute vor uns steht. Uralte Bestandteile aus dem Orient, aus dem Alten Testament, frühchristlichen Hymnen, vor allem dem griechischen »Hymnus Akáthistos« aus dem sechsten Jahrhundert, Formulierungen von Ephrem dem Syrer und Venantius Fortunatus bilden mit gotischen und neuzeitlichen Teilen einen einzigen homogenen Gesang. Zur Zeit des Konzils von Trient hat die römische Kirche die Litanei, die von den Pilgern in Loreto geschaffen worden war, dann fixiert. Ehrgeizige Seelenführer hatten »moderne Litaneien« voller blühender poetischer Erfindungen abgefaßt, von denen man sich einen bedeutenden Effekt bei den gläubigen Seelen versprach. Diese Litaneien wurden verboten. Die gewachsene Lauretanische Litanei hingegen erhielt ihre endgültige Gestalt, ihre Übersetzung in die Volkssprachen wurde abgelehnt, das Latein als ihre authentische Sprache anerkannt. Spätere Päpste haben dem tridentinischen Text noch vier weitere Anrufungen hinzugefügt. Sie enthält jetzt neunundvierzig Anrufungen der Maria. Daß wir inzwischen imstande sind, sie wie einen profanen poetischen Text zu betrachten, läßt allerdings daran zweifeln, ob die Litanei in unserer Epoche noch weiter wachsen wird.

Litaneien waren bei der Literaturkritik lange verachtet. Die Gebetsmühle, das Leiern des halb benommenen, halb verblendeten Volkes galt lange als der Gegenpol jeder höheren Kultur. Die Litaneien wurden zu einem Inbegriff des Rohen und Primitiven. Der aufgeklärte Philosoph hatte die Christenheit ohnehin über die Nutzlosigkeit des Gebets instruiert: Wenn Gott allwissend war, dann kannte er auch die Bedürfnisse seiner Geschöpfe und mußte sie gewiß nicht wiederholt vorgetragen bekommen. Auch die römische Kirche ließ sich von solchen Gedanken beeindrucken und beklagte in den Dokumenten des zweiten

Vatikanischen Konzils die »unnötigen Wiederholungen« der alten liturgischen Texte.

Der Leser neuer Literatur weiß indessen längst, daß in der Aneinanderreihung und der Wiederholung eine der stärksten Zauberkräfte der Poesie verborgen liegt. Elfmal wird Maria als »Mutter« angerufen, immer mit einem neuen Beiwort, das der »Mutter« immer neue Farben verleiht. Die Adjektive sind nach ihren Endungen in Gruppen geordnet: *Mater purissima* wird gefolgt von *Mater castissima*, *Mater amabilis* geht der *Mater admirabilis* voran. Sechsmal wird die »Jungfrau« angerufen, als *Virgo veneranda* und als *Virgo praedicanda*, *Virgo potens* und *Virgo clemens*, mächtig und mild. Und dann kommen die siebzehn berühmten allegorischen Anrufungen, die lyrischen Titel der Maria aus dem Hohen Lied, der Genesis und dem Buch Sirach, »die mystische Rose«, der »Elfenbeinerne Turm«, das »Goldene Haus« und der »Morgenstern«, ein Name, mit dem schon die Isis geehrt worden ist und der Maria als die Verkünderin des Sonnenaufgangs einer neuen Schöpfung sieht. Zwölfmal wird schließlich die »Königin« angerufen, wiederum von rhythmisch gegliederten Beiworten begleitet. Der Faden, auf den diese Perlen gezogen sind, ist ein nach jeder Anrufung wiederholtes »*Ora pro nobis*. Bitte für uns«.

Aber der Text der Lauretanischen Litanei ist nur eine Partitur. Man muß sie hören, um ihre Wirkung zu verstehen. Ein Vorbeter trägt die Anrufungen vor, das Volk hat das immer gleiche *ora pro nobis*, ein eigensinniger, unbeeinflußbarer Basso ostinato, maschinenhaft nach vorn drängend. Bei den Anrufungen wechselt der Rhythmus beständig; es scheint, daß der Vorbeter sich überbieten will, immer neue Bilder, immer neue Wohlklänge, immer gewichtigere Theologeme hervorzubringen, die von der Gewalt des chorischen *ora pro nobis* gepackt und zermahlen werden. Gedankenflucht und Konzentration ringen miteinander, die Lust einer unendlichen Phantasie und die Majestät des ewig Gleichen stehen gegeneinander, und das ewig Gleiche ist schließlich stärker, es verschlingt die Vielfalt, und nun ist es, als habe es gar keine Wiederholungen gegeben, sondern nur ein einziges *ora pro nobis* vom Anfang bis zum Ende.

GOETHE IN LORETO

Ist es nicht etwas exzentrisch, ausgerechnet Goethe mit einem Marienwallfahrtsort in Verbindung bringen zu wollen? Sind nicht genügend spöttische und gereizte Äußerungen dieses Dichters überliefert, mit denen er seine Distanz zur Welt der katholischen Religion deutlich macht? Und doch bleibt da das Rätsel um den Schluß seines Lebenswerkes: Maria, die, von Genien und Engeln begleitet, die Seele Fausts in den Himmel zieht, eine Szene wie aus einer von Jesuiten erdachten barocken *rappresentazione*. Was die Engel sagen, stammt aus der Lauretanischen Litanei: »Jungfrau, Mutter, Königin« – das sind die Aspekte, unter denen Maria dort betrachtet wird. Daß Goethe dann noch »Göttin« hinzufügt und damit die katholische Orthodoxie zusammenzucken läßt, die sich gegen den protestantischen Vorwurf, Maria anzubeten, stets gewehrt hat, beweist erst recht sein römisches Empfinden, denn in Rom wird das heidnische *divus* und *diva* einfach als ein anderes Wort für »heilig« gebraucht.

Von den Hügeln von Loreto blickt man herab auf die weite Ebene: Schwemmland, das ans Meer grenzt, von Autobahnen durchzogen und von neuen Siedlungen und Fabriken besetzt. Ist das nicht das Land, das der blinde Faust dem Meer abgewonnen hat, die industrielle Arbeitswelt, auf die Philemon und Baucis aus ihrer Hütte in den Bergen herunterschauen?

Und auf der anderen Seite des Meeres liegen Albanien und Griechenland, die alte Despotie Epirus, von der aus die »Casa Santa« übers Meer geschwommen ist; auch Faust war einer dieser gotischen Ritter, die auf hellenischem Boden Fürstentümer gründeten und mit der im Orient fortlebenden Antike in Verbindung traten. Auch wenn man weiß, daß die Landschaften des Faust-Gedichts Seelenlandschaften sind, fällt es schwer, eine solche Übereinstimmung der imaginierten Topographie mit der Lage von Loreto wieder zu vergessen.

Das Motiv der »Casa Santa« aber hat Goethe in einem anderen, womöglich noch vieldeutigeren Werk anklingen lassen: im *Märchen*, dieser vielfach verschlüsselten, niemals aufgeschlossenen Erfindung zwischen Allegorie und Traum. Da wird von einem unterirdischen mächtigen Heiligtum erzählt, das sich unversehens zu bewegen beginnt und langsam ans Licht steigt; dabei nimmt es eine bescheidene Hütte in sich auf, die über dem Tempel gestanden hat, nun von ihm emporgehoben wird und durch eine Öffnung in der Kuppel in den Tempel hinabsinkt. Auf seinem Boden angekommen, verwandelt sich die Hütte in Silber. »Nicht lange, so veränderte sie sogar ihre Gestalt; denn das edle Metall verließ die zufälligen Formen der Bretter, Pfosten und Balken, und dehnte sich zu einem herrlichen Gehäuse von getriebener Arbeit aus. Nun stand ein herrlicher kleiner Tempel in der Mitte des großen, oder wenn man will, ein Altar des Tempels würdig.« So ist das in einen Marmorpalast verwandelte Häuschen von Nazareth unter der Kuppel des Sangallo wieder zum luftigen Stoff einer Vision geworden.

DER TOD IN NEAPEL

WIE SCHMÜCKT MAN EINEN SCHÄDEL?

Starke Farben und Gerüche begleiten den Fußgänger auf seinem Weg durch die Via Tribunali, die Herzader der Altstadt von Neapel. In den Fugen des aus mächtigen schwarzen Blöcken zusammengesetzten Straßenpflasters glitzern die grünen Flaschenscherben wie gestoßene Smaragde, eine zerquetschte Orange leuchtet fleischig auf dem dunklen Untergrund, ein wie die Farbe eines Freskos tief in den Putz eingedrungener Fischgeruch bezeichnet auch am Sonntag den Ort der Fischstände, ein hellrot flackerndes Feuer schwärzt die Arkaden und frißt stinkenden Abfall. Früher haben hier in Palästen so groß wie moderne Wohnblocks die großen Familien Neapels gelebt, in der alten Zeit, als es noch keine »gehobenen Wohnviertel« gab, sondern in der ganzen Stadt an fast jedem Punkt der gesamte soziale Kosmos vertreten war: Prinzen, Priester, Kaufleute,

Kleinbürger, Tagelöhner und Bettler. Und selbst heute, wo solche Verhältnisse auch in Neapel weitgehend auseinandergefallen sind, sind eine Ahnung von diesem altertümlichen Zusammenleben und eine lebendige Erinnerung daran bei den Leuten erhalten geblieben; und der Straßenhändler wiegt das bittere Gemüse, das so vorzüglich zur fetten Bratwurst paßt, mit einer Waage, die nur eine Schale hat und aufs Haar der steinernen Waage auf dem Renaissance-Wappenrelief zu seinem Haupte gleicht.

Tatsächlich hat der Adel sein angestammtes Viertel nicht im Stich gelassen; er ist gegenwärtig so zahlreich wie eh und je, nur aus den Palästen ausgezogen und nun in einträchtiger Riesenversammlung unter der Erde. Für das Volk ist der wichtigste Bau der Via Tribunali, auf der noch Säulen aus der Griechenzeit stehen, eine Kirche aus dem 17. Jahrhundert, Santa Maria Purgatorio ad arcam. Sie ist die Stiftung eines Grafen Giulio Mastrillo, der sie zum Sitz einer *congrega*, eines aristokratischen Beerdigungsvereins, bestimmt hatte. Kostbarer Marmorprunk in der Kirche zeugt von vielen hochherzigen Stiftungen. Die neapolitanischen Marmorarbeiter behandelten den bunten Stein, als sei er Holz, und schufen üppige Marmorintarsien, die jeden freien Raum bedeckten. Aber da ist kaum ein Besucher, der den Rosen und Nelken weitere Beachtung schenkt, wenn denn die Kirche einmal aufgeschlossen wird – neuerdings müssen ihre Tore meist geschlossen bleiben. An Marmorschädeln und an dem großen Ölbild vorbei, das die armen Seelen von luftigen hellroten Flammen umgeben im Fegefeuer zeigt, aus dem heilige Frauen und Engel sie aber bereits mit leichter Hand herausziehen – eine ungeduldige

Seele hat auch schon den Knotenstrick eines erlösten Kapuziners ergriffen, um sich aus der Glut herauszuhangeln, und der Kapuziner wehrt es ihr nicht –, strebt man einer engen, ungeschmückten Treppe zu.

Die untere Halle ist hoch und kahl, von Neonlampen ausgeleuchtet, ihre Verfallenheit, ihre Rückkehr in den natürlichen Zustand tritt offen zutage. Zwei große Erdfelder wie in einer Gärtnerei, mit aufgeschichteten hohen Hügeln wie auf einem Spargelbeet, ziehen sich an den Wänden entlang. Dies ist *terra santa*, heilige Erde – ob sie aus dem Heiligen Land oder von anderen Wallfahrtsstätten stammt, ist ungewiß, aber der Conte Mastrillo wird hier schon nicht gespart haben. Solange Bestattungen in der Kirche Santa Maria Purgatorio erlaubt waren, bis Napoléon kam nämlich, wurde in dieser warmen braunen Erde die Arbeit verrichtet: die Lösung des Fleisches von den Knochen, die Reinigung des Skeletts durch den natürlichen Zerfall mit Unterstützung der kleinen verachteten Lebewesen, die hier rastlos im Dunkeln nagten. Wenn nach anderthalb Jahren die Knochen blank waren, wurden sie ausgegraben und in einem tiefer gelegenen Keller aufgehäuft. Der Blick in ein dunkles Loch zeigt die Menge der Schädel wie eine dichtgedrängte stille Versammlung, von der niemand den Kopf hebt.

Bis zu siebzig Messen wurden täglich hier unten gelesen, nicht bei Neonlicht, sondern bei Fackel- und Kerzenflackern. Die Kirche besitze noch heute einen großen Fundus schwarzer Ornate, heißt es. Auch hier unten sei alles viel prächtiger gewesen, bis Erdbeben und Räuber die Schätze zerstörten oder wegtrugen. Aber der schwarze Schimmel, der Schwamm und Pilz, die Girlanden schwarzer Spinnweben, das die Wände herunterlaufende Wasser mit grünlichen Mooskolonien schaffen einen Totenprunk eigener Art. Und den Leuten, die geschäftig hier heruntersteigen, fehlten nicht der geplünderte Schmuck und die Abwesenheit der heiligen Zeremonien, denn sie haben sich mit denen verbündet, die nicht mehr beraubt und bestohlen werden können, mit den Toten. Die kostbaren Kacheln des 18. Jahrhunderts sind herausgerissen? Dann nimmt man eben Badezimmerkacheln, um den Schädeln die ehrenvolle Nische zu bauen, die ihnen Abstand zu dem großen Haufen verleiht.

Solche roh zusammengeklebten Kacheln umgeben dann je einen Schädel, den der Wächter, ein Mann mit Ahnungen, von den vielen abgesondert hat, um ihn zur Adoption freizugeben. Bei den Leuten aus der Altstadt Neapels ist es immer noch Brauch, einen Totenschädel zu adoptieren und ihn mit Gebeten, Blumen, Kerzen und Zettelchen auszuzeichnen. Wer Stilleben liebt, der findet in den Gewölben von Santa Maria Purgatorio die erstaunlichsten Stilleben, die man sich denken kann.

Da liegt ein Schädel, dem der Unterkiefer verlorengegangen ist, auf einem Häufchen runder Rippen, und auch ein Schienbein fehlt nicht. Ein Rosenkranz aus Perlmutt ist so um die Hirnschale drapiert, daß das Kreuzchen in die Augenhöhle hängt. Im anderen Auge steckt eine künstliche Nelke von scharfem Rot. Wer sagt, Kunstblumen alterten nicht? Sie welken nicht, aber sie bluten aus und werden dann ihre eigensinnige, stechende Farbigkeit verlieren. Bildchen mit dem Portrait des Pater Pio und der Bernadette Soubirous sind zwischen die Knochen geschoben. Ein anderer Schädel ist von den gewellten Paßphotos einer ganzen Familie umgeben. Den nächsten hat man mit einem neuen, in Silberpapier eingewickelten Kaugummi beschenkt. Mimosensträußchen sehen wie feine Puderquasten für glänzendes Bein aus. Aber Rosenkränze und kleine Füße, Augen und Hände aus Silber, die für Hilfe in schwerer Krankheit danken, sind die liebsten Geschenke für die Toten und fehlen nirgends.

Wann ist der Lucia-Kult entstanden? Nicht die Verehrung der frühchristlichen Märtyrerin Lucia, die sogar im römischen Kanon genannt wird, sondern die unbekannte, die in Spaccanapoli aber sehr vielen bekannte Lucia aus dem Gewölbe von Santa Maria Purgatorio. Niemand kann die Frage beantworten, warum gerade dieser Schädel in der größten und mit Geschenken vollgestopften Nische »Lucia« heißt. Aber mit gläsernen Neonbuchstaben leuchtet »Lucia« aus allen anderen Schädeln heraus. Ihr Schädel ist bräutlich mit einem Diadem von der Putzmacherin geschmückt, Glassteinchen umglitzern sie, und ein kleiner Schleier verhüllt ihre Schläfen.

Wer war Lucia? Wie gleichgültig ist diese Frage, wenn es so viele Zeugen gibt, denen sie erschienen ist. Unablässig ist Lucia im Viertel unterwegs: sie berät, sie tröstet, sie warnt und sie wendet in aussichtsloser Lage plötzlich alles zum Guten. Viele sind davon überzeugt, mit Lucia gesprochen zu haben. Das Kommunionkind mit den schwarzen Augenhöhlen ist eine Botin. Die Toten im Keller von Santa Maria Purgatorio trugen einst klangvolle Namen, aber heute sind sie ein anonymes Heer. Doch wer so gegenwärtig ist, der muß auch irgendwie heißen. Die Toten haben Lucia unter sich ausgesucht. So thront sie denn als Erste unter Gleichen in bläulicher Aureole und nimmt die Bitten für alle entgegen.

EINE BEINERNE ÄSTHETIK

Sind Totenschädel schrecklich oder schön? Um sie so zu betrachten, wie die Neapolitaner sie sehen, ist es vielleicht hilfreich, an die Behandlung zu denken, die barocke Künstler den Totenschädeln haben angedeihen lassen. Im Nationalmuseum zu Neapel hängt ein antikes Mosaik mit einem Totenschädel vom allersonderbarsten Knochenbau. Der Kopf hat sogar noch beinerne Wangen; man merkt, daß der Künstler ängstlich vermieden hat, ein echtes Skelett anzusehen. War es erst die lange Herrschaft der Spanier, die den Neapolitanern die Augen geöffnet hat für den ästhetischen Charakter des menschlichen Knochengerüsts? Seit dem 17. Jahrhundert scheint es für einen neapolitanischen Bildhauer kein reizvolleres Motiv gegeben zu haben als den Totenschädel.

Prinz Hamlet sprach einen düsteren Monolog mit einem Schädel in der Hand als stumm beredtem Gegenüber. In der Barockzeit verbreiteten sich Totengeripppe, die Sanduhren und Sensen in den entfleischten Händen hielten, teils fliegend, teils in Prunkkarossen vorfahrend, über ganz Europa. Man entdeckte den Ausdruck dort, wo kein Ausdruck mehr sein kann, weil alles, was in einem Gesicht sonst spricht, verfallen ist. Fette Putten im rosigsten Lebenssaft spielten mit Totenschädeln wie mit Kegelkugeln. Eiernd rollten die Schädel zwischen verstaubte Pergamente und

Lauten mit gerissenen Saiten und bildeten dort ernste Still-
leben. Aber es dürfte wenige Orte geben, die mehr bronzene, holzgeschnitzte und marmorne Totenköpfe ihr eigen
nennen als Neapel.

Marmor ist ein gutes Material, um Bein nachzubilden. Fein-
poriger weißer Marmor kann einen abgegriffenen speck-
steinhaften Glanz annehmen, der etwas Organisches hat.
Auf den Balustraden der Kartause San Martino hoch über
der Stadt liegen solche Schädel zum Schmuck verteilt; in ihrer Lebens- oder Todesechtheit empfindet der Betrachter
ihre Halslosigkeit, als seien sie die Häupter buckliger Zwerge, die in Neapel beliebt sind, weil es Glück bringt, ihren
Buckel zu berühren. Die Meister haben sich in das Studium
der Anatomie wirklich versenkt. Es hat ihnen Freude gemacht, die kleinen Löcher, durch die die Nervenbahnen laufen, richtig zu setzen, sie haben die Schädeldecke untersucht
und die drei Linien, an denen der Knochen buchstäblich mit
einer Zickzacknaht vernäht zu sein scheint, genau nachge-
bildet. Das naturalistische Detail, ein paar aus dem Kiefer
herausgebrochene Zähne, hat sie entzückt, aber ebenso be-
geistert waren sie dabei, das Vorbild der Natur zu verlassen
und durch winzige Eingriffe in die Form den Anschein
menschlicher Lebendigkeit zu erwecken. Wird der große
Schädel hinter dem Hochaltar von Santa Maria Purgatorio
nicht gleich den lippenlosen Mund öffnen, um ohne Lungen
und Kehlkopf und Zunge zu sprechen?

Die Bronzeschädel vor der Tür derselben Kirche sehen aus,
als sei ihre metallische Schwärze durch einen chemischen
Prozeß entstanden, der die Gebeine hat anlaufen und dabei
verhärten lassen. An ihnen wird deutlich, wie zart ein Men-

schenschädel gebildet ist, wie zerbrechlich die dünne Schale, wie spröde die Bögen und Verbindungsstreben sich über die Hohlräume spannen. Wie bei echten Schädeln ist bei manchen die Decke zerbrochen; die Löcher bieten nun frischen Nelkenblüten einen willkommenen Halt.

Den menschlichen Schädel als Architektur zu erleben und ihn als Modell für Architektur zu begreifen, im Totenschädel spazierenzugehen und seine Kavernen und Kammern als Räume zu entdecken, dieses Erlebnis, das den Blick auf den Schädel verändert, verschafft die auf dem Weg nach Capodimonte bei der Kirche Santa Maria del buon consiglio gelegene halb heidnische und halb frühchristliche Katakombe San Gennaro, die ihren Namen als frühere Grablege des neapolitanischen Stadtpatrons Januarius trägt. In den Tuffstein kann man Räume graben, die stets wie organisch gewachsen erscheinen. Die Stützen oder Pfeiler sprießen aus dem bräunlichen Boden knochengleich hervor und verschwinden im Stein der sanft gewölbten Decke. Nach allen Richtungen öffnen sich neue Kammern, wie versteinerte Blasengebilde, die Wände sind wie Totenbein durchfurcht von Nischen und Ausbuchtungen. Komplizierte Prospekte eröffnen sich durch immer neue Durchblicke in die künstliche Höhlenwelt, die einen Rudolf Steiner mit seinem Goetheanum-Ideal gewiß entzückt hätte. Wie im Schädel ist die gesamte Katakombe aus einem Stück gebildet, alles ist in rundlichen Formen miteinander verschmolzen. Die Gebeine der einst hier Bestatteten sind allerdings längst zu Staub zerfallen, zu bräunlichen Krümeln, die sich vom bröckligen erdfarbenen Tuffstein nicht mehr unterscheiden. Aber muß die schöne Rundung des Schädels nicht von Anbeginn dem bauenden Menschen als Vorbild gedient haben? Sollten die Architekten von Tumuli und Nuraghen, von Trulli und Iglus und aller anderen aus der Prähistorie stammenden Kuppelbauten nicht an die Schädelwölbung als Modell gedacht haben? Ist der runde Schädel nicht überhaupt das Urbild jeder Kuppel – vom Pantheon zur Hagia Sophia, vom Petersdom zum Kapitol in Washington? Erlebt der Mensch den Himmel, der rund um ihn herum den Horizont berührt und dort auf den sprichwörtlichen »Festen« steht, nicht auch als Kuppel, weil er als der »kleine Herr Mikrokosmos«, wie Goethe unsere Art genannt hat, die blaue Wölbung mit dem eigenen Schädeldach in Beziehung setzt? Die Kartäusermönche, die bis zum König Murat ihren Klosterpalast über der Stadt bewohnten, pflanzten das einfache schwarze Kruzifix, das in jeder ihrer Eremitagen zu sehen war, auf einen Totenschädel, denn Golgatha heißt »Schädelstätte«. Aber in dieser Kartäuseranordnung ist der Schädel mehr als nur Golgatha – er ist die Weltkugel. Die Welt ist ein menschlicher Schädel, so wahr wie jeder Menschenschädel eine Welt geborgen hat.

Die Frau, die mit ihrem Säugling im Arm den Bronzeschädel vor Santa Maria Purgatorio zärtlich streichelt, mag noch eine andere Empfindung bei der Berührung nähren. Dieser haarlose geschwungene Hinterkopf, die riesigen Augen, die winzige, fast fehlende Nase, die Zahnlosigkeit – sind das nicht alles Eigenschaften, die die abgestorbene Schale mit dem warmen Säuglingsköpfchen gemeinsam hat, dem der Speichel lebensvoll aus dem Mundwinkel rinnt?

Für eine bestimmte Art von Photographien müßte man ein neues Wort erfinden – Lichtmalereien vielleicht. Die Bilder, die in den Wohnungen von Spaccanapoli auf den Küchenbüfetts stehen und auf denen man die Eltern, die Großeltern, den früh verstorbenen Bruder und die uralt gewordene Tante sehen kann, sind nur zum geringeren Teil ein Werk des Apparats. Nachdem der Film entwickelt war, hat sich ein Künstler über den Abzug gebeugt und ist mit feinem Pinsel, der auch ein wenig diskrete Farbe in das Schwarzweiß brachte, den Bogen der Augenbrauen nachgefahren, hat schmelzende Lichtpünktchen in die Augen gesetzt, die den Blick feucht und gefühlvoll erscheinen lassen, die Wimpern einzeln gezeichnet und den Lippen frische Spannung und einen aus dem Anthrazitfarbenen ins Rötliche spielenden Ton verliehen. Die Malerei hat sich mit dem Abzug nicht wirklich verbunden; sie sitzt wie eine zarte Maske auf den verschwommenen Zügen. Kann man Geister schminken? Hier wird es versucht. Das Lippenrot, sonst eine Täuschung, hier ist es das einzig Reale. Je näher man einem solchen Bild mit den Augen kommt, um so flüchtiger erscheint es – eine lichtgraue Wolke schwebt an der Stelle, die eben noch die Züge einer jungen Frau festzuhalten schien.

Wer ist die Tote jetzt? In Neapel versucht man, diese Frage auf zweierlei Weise zu beantworten. Einmal gibt es da das Bild, das eine entrückte Ahnung von der Person der Gestorbenen vermittelt. Vor diesen Bildern aber stehen kleine Püppchen aus bunt angemaltem Ton, die geben schon eine deutlichere Auskunft. In der Via Gregorio Armeno, wo in der Weihnachtszeit der große Markt der Krippenfiguren, der Erzengel mit winzigem Rauchfaß und der Hirten mit den kreuzweise umwickelten Waden abgehalten wird, gibt es auch diese eigenartigen Tonfigürchen zu kaufen, die in einen volkstümlichen neapolitanischen Haushalt einfach hineingehören. Ein *purgatario*, Fegefeuer, heißt die vollständige Gruppe. Dazu gehören zunächst einmal »vier arme Seelen«, die in Neapel aber *santissime anime* genannt werden, obwohl sie doch das Empyreum noch keineswegs erreicht haben, sondern bis zum Bauchnabel in fetten feuermelderroten Flammen sitzen. Sie sind nackt, wie sich das für eine Seele gehört – schon Kaiser Hadrian spricht von seiner *animula nudula*, seinem nackten Seelchen –, ein kleiner Mann, erkennbar an kurzem Haar und flacher Brust, ein Weiblein mit einem Schleier und kleinen Brüstchen, ein Greis mit weißem Haar und ein Priester mit dem schwarzen Birett auf dem Kopf. Nein, sehr heiß, schmerzhaft heiß können die Flammen nicht sein, sie gleichen Dahlien mit züngelnden Blütenblättern, aus denen die Menschlein herauswachsen. Sie schauen zuversichtlich und haben die Ärmchen zum Gebet erhoben, ohne dabei den Blick vom Betrachter abzuwenden, einem braven Kommunionkind vergleichbar, das die Blicke der stolzen Verwandtschaft auf sich ruhen weiß. Ein paar Totenköpfe gehören zu der Gruppe; sie zeugen von einem überwundenen Stadium, das zwischen dem Zeitpunkt der Photographie und dem Sitzen in der Flamme liegt. Der Satan steht in schwarzer Bocksgestalt und mit langer Gabel dabei – oder ist es der neptunische Dreizack? –, aber er ist ein wenig kleiner geraten als die Seelen, als schrumpfe er im Fegefeuer zusammen; nicht der machtvolle Höllenfürst darf er hier sein, sondern eine Art Krampus oder Knecht Ruprecht, ein Caliban, der erschrecken und quälen kann, jedoch selbst an der Kette liegt. Und wer ist die verschleierte kleine Dame ganz in Schwarz, in bedeutungsvollem trauerndem Inkognito? Die Muttergottes hat diesen Kreis, den sie nach Überzeugung der Theologen überhaupt nicht betreten kann, in ihrer Liebe den Theologen zum Trotz aufgesucht, freilich indem sie ihren Himmelsglanz dämpft, den strahlenden Nimbus ablegt und sich verhält wie eine der schönen und eleganten Frauen, die einstmals vor dem Tor des kasernengroßen alten Waisenhauses von Neapel vorfuhren, um von ferne und ohne sich zu erkennen zu geben wehmütig einen kleinen Jungen zu betrachten, der in der Tracht der Zöglinge gerade über den Hof geführt wurde. Die Seelen im Feuer sind wie solche illegitimen Kinder der Muttergottes, die sie deshalb noch viel inniger liebt.

Mann und Frau, Greis und Priester stellen die ganze Menschheit dar. Wer die Püppchen mit den Augen eines Kindes betrachtet, der erkennt ohne Mühe den eigenen Großvater, die Tante, den Bruder und den am Schlaganfall neulich gestorbenen Don Rossi, den Pfarrer von Sant' Agata.

Donna Maria, die Mutter und Großmutter vieler Kinder und Enkel, beugt sich zum Jüngsten ihrer jüngsten Tochter und erklärt ihm die Photographien. »Sind sie alle tot?« fragt das Kind und sieht die Bilder auf dem Küchenbüfett mit seinen Deckchen und der roten Kerze und der Plastikflasche in Madonnenform mit dem Lourdeswasser ängstlich

an. »Alle sind tot!« sagt Donna Maria mit dem Lächeln
tiefer Befriedigung. »Und in hundert Jahren werden auch
alle anderen Menschen tot sein, die du kennst und jetzt mit
uns auf der Welt sind. Keiner davon wird dann mehr leben.
Und auch du wirst tot sein.«

DAS DEKRET UND DIE FLAMMEN

Der Kardinal war alarmiert. Die Mißstände in den Kata-
komben und Totengrotten von Neapel waren empörend.
Das Volk hörte trotz immer weiter verbreiteter Schulbil-
dung, trotz vieler warnender Predigten und Verbote nicht
auf, dort im Finstern seinen Kult mit den Totenschädeln zu
treiben. Aber Neapel war nicht Haiti! Ein christlich ge-
taufter und begrabener Neapolitaner durfte mit seinen kör-
perlichen Hinterlassenschaften nicht zum Gegenstand von
Voodoo-Zaubereien werden. Deshalb erließ der Kardinal
ein feierliches Dekret, um diesem Unfug ein für allemal ein
Ende zu bereiten. Wie viele Vorgänger mag dieser Rechts-
akt gehabt haben?
An der engen Treppe hinunter in die Verwesungshalle, den
Todesgarten von Santa Maria Purgatorio hängt nun diese
strenge Verordnung des Oberhirten, gegeben am 29. Juni
1969. »Wir, Corrado Kardinal Ursi, etc. etc., von Gottes
und des Apostolischen Stuhles Gnaden Erzbischof von
Neapel, etc., verfügen hiermit ...« Kadavergehorsam wird
nicht verlangt. Die ausgesprochenen Gebote und Verbote
werden genau nach der Lehre der Kirche begründet. Man
hat am bischöflichen Stuhl von Stätten vernommen, an

denen Teile menschlicher Skelette offen zugänglich herum-
liegen. Es handelt sich um die Reste nicht namhaft zu ma-
chender Leichen. Niemand weiß, ob die Toten auf Erden
»heroische Tugenden« bewiesen haben, die ihre Verehrung
erlauben würden. Dennoch werden diese Gebeine wie die
von Heiligen ausgezeichnet. Diese Unsitte ist geeignet, die
Religion zu diskreditieren; sie entspricht nicht den Sitten
eines zivilisierten Volkes. Die Gebeine sind augenblicklich
zu vergraben, die Grotten sind zu verschließen.

Vielleicht gibt es kein schöneres Abzeichen eines zivilisierten Volkes, als die Unbeeindruckbarkeit durch Befehle und
Erziehungsversuche der Regierenden. Hier hängt das Dekret in seiner ganzen kurialen Majestät und dort liegt schon
der erste Totenschädel mit Rosenkranz und Plastiknelke.
Und muß sich der Kardinal um das Heil der ergebenen To-
tendiener denn wirklich Sorgen machen? Der verführerisch
schön schreibende Kirchenvater Origenes lehrte, daß die
Hölle leer sei, und die Kirche stellte daraufhin fest, daß diese Anschauung mit den Worten Jesu nicht übereinstimme
und deshalb ein Irrtum sei. Die Neapolitaner hängen diesem Irrtum auch nicht an. Zwischen der reinen Lehre von
der ewigen Verdammnis und der häretischen Hoffnung auf
die Allerlösung haben sie, wie in jeder Streitfrage von höchster Bedeutung, den Kompromiß gewählt: das Fegefeuer
für alle – Hölle ja, aber nicht ewig! Wer hat nicht wenigstens eine kurze Weile in den Flammen verdient? Aber gerade die Pein der Reinigung stiftet doch das enge Band zwischen den Lebenden und den Toten! Wer erst einmal im
Himmel ist, dem geht es gut, der verschwendet keinen Gedanken mehr an die düstere Gasse, aus der er aufgebrochen

ist. Solange sie selbst von Gnade und Barmherzigkeit abhängig sind, werden die Seelen auch Sinn für die Glücklich-Unglücklichen haben, die noch im Tageslicht leben. Und deshalb sind die Seelen im Fegefeuer die besten und ersten Fürsprecher. Es sei nicht gewiß, daß sie »heroische Tugenden« bewiesen hätten? Sie sind mehr als heroisch, sie sind tot! Ein Gebet, eine Plastiknelke, ein Lourdesbildchen wird ihnen gut tun an ihrem heißen Ort. Und sie werden dankbar dafür sein. *»Fresco alle vostre anime!«* wünscht man sich in Neapel, wenn man sich verabschiedet. »Ich wünsche den Seelen Ihrer Verstorbenen ein kühles Lüftchen im Fegefeuer!«

Der Cimitero delle Fontanelle

Ad plures ire, zu den Vielen gehen, nannten die Römer das Sterben. Aber wer mit warmem Blut in den gigantischen Höhlen unterhalb von Capodimonte herumgelaufen ist, die der Friedhof der Fontanelle heißen, der kann auch sagen, daß er bei den »Vielen« gewesen sei, obwohl er wieder ans Tageslicht zurückkehren durfte. Der Zutritt zu den Fontanelle ist so schwierig zu erlangen, wie es einem solchen Ort gebührt. Die Autoritäten von Kirche und Staat wollen nicht, daß er betreten wird. Wie viele moralische und ästhetische Entscheidungen in diesem Jahrhundert wird auch das Verbot, die Fontanelle zu besuchen, mit technischen Gründen untermauert: es herrsche dort »Unordnung und Einsturzgefahr«. Nun, das jedenfalls ist nicht geradezu unwahr.

Beim Weg zum Eingang der Fontanelle verändert sich die Stimmung der Straßen. Der Friedhof liegt am Rande des Quartiers Sanità – das heißt Gesundheit. Aber es ist ein krankes Viertel, eine Welt des Schmutzes und der Verfallenheit, vor der die guten Bürger der Stadt Angst haben. Durch Sanità geht man nicht spazieren, in Sanità steigt man nicht aus dem Taxi; die liebenswürdige, im Norden oft besungene südliche Anarchie zeigt hier plötzlich ein nacktes böses Gesicht. Die Fassaden sind farblos, termitenhaft zerlöchert. Die bunt bedruckte Wäsche, die schwer tropfend über der Straße hängt, stammt aus Taiwan. Die abgeplatzten Putzfelder offenbaren den darunterliegenden bröckelnden Ziegel- und Tuffstein wie nässende Ekzeme. »Gib den Brief heraus!« schreit ein rothaariges Mädchen in schwarzem Leder durch die stumme Straße und schlägt einem langen Jungen immer wieder ins Gesicht. Woanders würde dieser Auftritt amüsiertes Publikum anlocken, hier vertieft er die Stille. Wachsame, blasse Kinder verschwinden in dunklen Haustoren.

Die Höhlen der Fontanelle waren Steinbrüche. Aus dem riesigen Tuffsteinkuchen hat man hier jahrhundertelang die übergroßen Quader herausgeschnitten, die die neapolitanischen Barockarchitekten zu ihren maßlosen Proportionen verführt haben. Dann kam die große Pest von 1656. Tausende von Leichen wurden in die hallenartigen Schächte gebracht, und in den auf diese Katastrophe folgenden Epidemien kamen noch ganz andere Armeen hinzu. Und dann, als überall in der Stadt die Beinhäuser der Kirchen aufgehoben und ausgeräumt wurden, wanderte deren Inhalt gleichfalls in die Fontanelle. Es war wie eine der großen

Emigrationsbewegungen, die im 19. Jahrhundert von Süditalien aus Argentinien, Chile und Nordamerika bevölkerten.

Dies Volk erhielt eine Ordnung, und zwar wie die Emigranten, eine demokratische. Obwohl sich die Hallen, die trapezförmig den Berg durchschneiden, kathedralengroß im Berginneren verlieren, war kein Platz da, um Hunderttausende Skelette intakt in ihnen zu bewahren. Und besteht dafür etwa eine Notwendigkeit? Elle und Speiche, Oberschenkelknochen, Schienbein und Wadenbein, das Becken, die Schulterblätter und die Rippen – sie sind von höchstem Ausdruck, aber sie besitzen nicht die mindeste Individualität, solange sie einigermaßen gesund gewachsen sind. Deshalb wurde der Mensch hier auseinandergenommen und seinem neuen Status angemessen neu sortiert: alle Knochen, die zueinanderpassen und sich deshalb gut stapeln lassen, kamen auf einen Haufen. Wie endlose Holzstöße reihen sich die Gebeine an den Wänden, nur daß die Enden der Knochen nicht Schnittstellen sind, sondern von den kugeligen Gelenken gebildet werden. Und auf diesem breiten Sockel ruhen die Totenschädel, einer neben dem anderen in drei oder vier Reihen hintereinander als unabsehbares Band, bis es weit hinten vom Dunkel verschluckt wird. Das Licht fällt durch Löcher in der Decke, deren Ränder von hellgrünen Blättern umrankt sind, ein weiches Atelierlicht, das alle Grautöne auf den Hirnschalen schimmern läßt.

Streng verboten ist der Zutritt zu den Fontanelle. Aber wo kommen dann die roten Lichtlein her, die vereinzelt vor den Schädelbergen brennen? Wer hat da und dort einen

Schädel aus der Gesellschaft seiner Brüder und Schwestern herausgeholt und in ein hübsches Holzkästchen, einer Kuckucksuhr vergleichbar, oder in einen Glaskasten wie ein Aquarium gesetzt? In den Augen stecken Papierfidibusse aus karierten Rechenheften, und die Buchstaben darauf verraten die Konzentration und Anspannung ungeübter Schreiber. Als seien sie von den Pestleichenträgern hastig abgesenkt worden, stehen alte schwarzgestrichene Särge herum, deren Deckel unordentlich aufliegen und einen Blick ins Innere erlauben, wo ein ledernes, zerfressenes Gesicht und ein vermoderter Spitzenkragen zu erkennen sind. Und auch diese Leiche hat neue Post bekommen, wie weiße Schmetterlinge sitzen zusammengefaltete Papierchen auf der eingesunkenen Brust der Adelsdame, deren große halbabgeblätterte Krone auf dem Sargdeckel sie davor bewahrt hat, in ihre Teile zerlegt und auf die Haufen sortiert zu werden. Es ist offensichtlich, das Volk hat sich aus den Fontanelle, so fest auch die rostigen Eisentore verschlossen sind, nicht vertreiben lassen. Immer noch sucht man aus der *biblioteca* – so heißt eine Wand, an der sich die Schädel wie Bücher türmen – den hilfreichsten Fürsprecher hervor, um ihm ein Lichtlein anzuzünden. Immer noch betrachtet man mit Genugtuung das *tribunale* – ein nüchternes Kruzifix, das sich über einem Schädelhaufen erhebt –, von dem die Besucher glauben, daß es alle falschen Schwüre anzieht wie einen Schwarm Fledermäuse, die hier ihrem Urteil entgegensausen.

Eine reine Luft herrscht in den Fontanelle, kein Moder, sondern kühle Frische. Zwei Wächter stehen am Ausgang, ein mageres Männchen mit gebogener Nase, kinnlos und hochgewölbter Stirn und ein fettes Faß ohne Stirn mit aufgeworfener Nase und malmenden Kinnbacken. Wenn sie einst entfleischt sind, werden sie gleich aussehen, kaum ein Zentimeter wird ihre Schädel unterscheiden. »Was ihr seid, waren wir – was wir sind, werdet ihr sein« steht in großen Buchstaben auf einem Pappschild an der Wand. So hat sich jemand den Chor der Toten vorgestellt, die im Beinhaus von lebendigen Augäpfeln betrachtet werden. In Fontanelle haben diese Worte wenig von der Mahnung oder Drohung, die sie sonst enthalten mögen. Die »Vielen« sind keine schaurige Gesellschaft. Sie haben das Größte geleistet, manche freiwillig, die meisten gezwungen: das Sterben. Warum, so fragt sich der Gast in ihrem Kreis unwillkürlich, sollte das dann nicht auch ihm gelingen?

DAS DESIGN
IST DAS SCHICKSAL

Bertone, Pininfarina und Giugiaro

T urin, die Stadt, in der das Grabtuch Christi unter einer schwarzen Marmorkuppel aufbewahrt wird, die Stadt, die als Zentrum des Hexenwesens und des Satanismus in Italien gilt, die Stadt, in der der große Reaktionär Joseph de Maistre begraben liegt und in der Nietzsche beim Ausbruch seines Wahns einen Droschkengaul umarmte, die Stadt der Savoyer-Könige und des Risorgimento – Turin, Hauptstadt der italienischen Autoindustrie. Aber es sind nicht nur die Millionen kleinen Fiat-Wagen, an die man bei dem Wort »Turin« denken muß. Hier wird zugleich auch das Kostbare, das auserlesen schöne Automobil gefeiert. Italienische Ingenieure und Entwerfer hegen den Anspruch, einen Wettbewerbsvorteil im harten Konkurrenzkampf auf dem Automobilmarkt zu besitzen, der ihnen gleichsam als geschichtliches Erbe zugefallen sei und von andern nur bewundert, aber niemals nachgeahmt werden könne: die natürliche Schönheit aller ihrer Produkte. Drei Männer repräsentieren heute vor allem die Kunst des italienischen Atomobildesign: der 1914 geborene Nuccio Bertone, der 1926 geborene Sergio Pininfarina und der 1938 geborene Giorgetto Giugiaro. Ihre Namen sind mit legendären Einzelstücken und Riesenserienerfolgen gleichermaßen verbunden.

Der Chef des Hauses Bertone

Die kurze Geschichte des Automobils wird lang, wenn man sie ein ereignisreiches, achtzigjähriges Leben vom ersten Tag an ausfüllen sieht. Giovanni Bertone, der Vater Nuccios, baute noch Kutschen und Karren und ließ seine Gefährte auf Holzrädern rollen. Nuccio wuchs als Kind in diese Handwerkerwelt hinein, in der beim Abendessen mit den Gesellen und Lehrlingen die Arbeit des Tages besprochen wurde. Aus den Karossen wurden bald Karosserien, edle Einzelanfertigungen für die Fuhrparks wohlhabender Leute, die ihre Autos noch als motorisierte Equipagen, Landauer und Berlinen ansahen. Nuccio Bertone, der Rennfahrer war und deshalb gelernt hatte, die eigenen Entwürfe selbst auf die Probe zu stellen, führte sein Designatelier, nachdem er es vom Vater übernommen hatte, wie die Bottega eines Renaissancekünstlers: Er machte eine Schmiede für Talente daraus. Am liebsten ist es ihm, wenn ein junger Mann mit achtzehn Jahren ohne jede Ausbildung bei ihm eintritt; die berühmten Designerschulen, etwa in den Vereinigten Staaten, zerstören jede Eigentümlichkeit und persönliche Begabung, davon ist er überzeugt. Eines der berühmtesten Autos, die aus dieser Bottega hervorgegangen sind, ist der Lamborghini Miura, ein Sportwagen, dessen Kühler in seinen Rundungen und Kanten an ein dick geschnittenes Stück Kalbsleber oder einen harten Zungenmuskel erinnert und dem man im Fahren die Wellenbewegungen eines angreifenden Stachelrochens zutraut. Bertone ist ein lächelnder Mensch, der den Enthusiasmus liebt und dem Prinzipien etwas sehr Fernes sind. Es entspricht seinem Denken, den abstrakten Begriff immer gleich am Praktischen zu erproben.

»Funktionalismus? Was ist das eigentlich? Wenn das heißen soll, daß man in ein Auto bequem einsteigen kann, daß beim Fahren nicht zuviel Lärm entsteht, daß der Fahrer eine gute Sicht hat, daß der Wagen nicht zuviel Benzin verbraucht, daß er gut in der Kurve liegt und schnell und sicher ist – gut, dann ist Funktionalismus eine Selbstverständlichkeit. Es hat keinen Sinn, ein phantastisches Auto zu entwerfen, um danach festzustellen, daß man nicht darin fahren kann. Aber es sind ja schon längst nicht mehr diese Funktionsgesetzmäßigkeiten allein, die der Designer eines Automobils zu beachten hat. Es gibt inzwischen zahllose Sicherheitsvorschriften und Auflagen des Staates, die mit Funktionen oft gar nichts mehr zu tun haben, ja, die manchmal geradezu unsinnig sind, und die müssen genauso in den Entwurf eingehen. Wenn es also jemals einen reinen Funktionalismus gegeben haben sollte – eine Form, die sich unter Ausschluß jeden ästhetischen Willens ganz allein aus der Funktion eines bestimmten Gegenstandes entwickelt hat –, so gibt es ihn jedenfalls gewiß nicht mehr, er ist unmöglich geworden. Ein Automobildesigner muß heute einen Wagen entwerfen, der unendlich viele Bedingungen, praktische, ökonomische und rituell-bürokratische, erfüllt und der zugleich einen Charakter hat, eine Emotion auslöst. Von uns wird etwas Undefinierbares verlangt: Stil. Man bemerkt ihn manchmal nur, weil er fehlt. Aber wenn man ihn gefunden hat, ist die halbe Arbeit des Design getan.«

Bertone ist ein kleiner Mann mit einem großen Kopf und Augen, die strahlen, auch wenn er nichts sagt und nur den Kaninchen nachguckt, die über die weiten Rasenflächen hoppeln. Er kehrt zufrieden von dem Ausflug, den seine Blicke unternommen haben, zurück und fügt hinzu: »Stil hat mit Funktion zunächst einmal überhaupt nichts zu tun. Insoweit ist nicht einmal der funktionalistische Stil funktionalistisch.«

DER CHEF DES HAUSES PININFARINA

Sergio Pininfarina stammt aus einer patriarchalischen Welt; er ist der Sohn eines berühmten Vaters, dem er im Rang nicht nachsteht. Den gedrungenen, in seiner Erscheinung eher nördlich wirkenden Mann umgibt bei aller Liebenswürdigkeit ein feierlicher Ernst, der aus dem Bewußtsein eines großen Erbes und eigener Leistung stammt. Seine Ehrungen – den italienischen Cavaliere, die französische Légion d'Honneur und die Ehrenmitgliedschaft in der Royal Society of Arts – sind sämtlich vorher auch seinem

Vater verliehen worden; das ist in diesen Institutionen noch niemals vorgekommen. Battista Pininfarinas Meisterwerk, ein roter Sportwagen, Cisitalia 202 GT, von 1947, steht als bewegliche Skulptur im Museum of Modern Art in New York, eine voluptuös geschwungene rote Paprika auf Rädern, glatt und organartig wie eine Plastik von Hans Arp. Heute gehören Ferrari und Alfa Romeo, Lancia, Fiat und Peugeot, aber auch Cadillac zu den Kunden des Hauses. Obwohl die Aufgaben eines modernen Designers weit über das bloße Entwerfen einer schönen Karosserie hinausgehen und längst einen wesentlichen Einfluß auf die gesamte technische Entwicklung eines neuen Autotyps nehmen, will Pininfarina an dem Primat des Ästhetischen für seine Arbeit festhalten. Er hat etwas Magistrales, er ist sich bewußt, daß man auf ihn blickt. Den Anschauungen Pininfarinas kommt Gesetzeskraft zu – bei Leuten, die so klug sind, ihn zu verstehen.

»Das ästhetische Gesetz dieses Jahrhunderts scheint sich auf die Formel reduzieren zu lassen: *form follows function*, die Form ergibt sich allein aus der Funktion eines Gegenstandes, und sie unterwirft sich allein den Funktionsgesetzen. Am Ende dieses Jahrhunderts wissen wir, daß auch das Ende der Alleingültigkeit dieser Formel gekommen ist. Selbst wenn immer wieder ein bestimmtes technisches Erfordernis neue Formen inspirieren mag, ist die Formel im ganzen ein Hindernis für die Arbeit des Designers. Schöpferische Kraft und künstlerischer Anspruch lassen sich mit dieser primitiven Regel nicht vereinbaren. Wenn der Designer nur noch Ingenieur oder Kaufmann ist, verfehlt er seine künstlerische Berufung: die Suche nach der Schönheit.

Von den ältesten Kulturen bis in unsere Zeit hat die Aufgabe des Kunsthandwerkers immer darin bestanden, das praktische Bedürfnis in eine entsprechende ästhetische Form zu fassen. Wir müßten uns eingestehen, in einer tragischen Epoche zu leben, wenn wir unter dem Vorwand und im Namen der Industrialisierung von diesen Prinzipien etwas preisgäben.«

Pininfarina spricht diese Sätze in einem samtbespannten und getäfelten Empfangszimmer, das wie das Kästchen der neuen Melusine in den modernen Fabrikbau hineingesetzt ist. Hier klingt besonders plausibel, was er sagt: »Unsere Sinne sind von der technischen Entwicklung weit überfordert. Wir bedienen uns vieler Erfindungen, deren Funktionieren unsere Augen, unser Körper und unser sinnliches Erleben der Mechanik nicht nachvollziehen können. Der Designer ist heute ein Übersetzer der Maschine für die Sinne. Er findet eine Sprache, die Kraft, Geschwindigkeit und Sicherheit eines Automobils für das Auge sichtbar macht – und wir dürfen nicht vergessen, daß unsere Augen die gleichen sind wie die von Adam und Eva. Der Designer soll Ordnung in eine unordentliche Welt bringen. Das fängt schon bei den Farben an: ein Automobil ist schwer und besteht aus Stahl und nicht aus Kunststoff. Und deshalb soll es auch so aussehen: metallisch stählern. Die richtige Farbe für ein Auto ist keine Farbe. Das ist die Sprache, die das Auge versteht.«

Giorgetto Giugiaro gehört zu den begabtesten Schülern von Nuccio Bertone. Der Altersabstand von vierundzwanzig Jahren zwischen ihm und seinem Meister bedeutet, daß die Erfahrung exklusiver Einzelstücke, die für ein anspruchsvolles Publikum von Hand hergestellt wurden, für ihn nur eine glorreiche Erinnerung darstellt, obwohl auch in seinem Haus gelegentlich solche Automobile gebaut werden. Giugiaro gehört aber doch von Anfang an in die Welt der Serien; die Arbeit von Italdesign – so heißt das Haus Giugiaro – ist auf die Entwicklungsarbeit der großen Automobilfabriken bezogen. Zugleich ist er auf die entschiedenste Weise Künstler, ein Maler, der aus einer Familie von Malern stammt. Giugiaro bekennt aber, daß er für ein einsames Leben an der Staffelei nicht geboren sei; das Zusammensein mit vielen Leuten, die alle an einer einzigen Aufgabe arbeiten, gibt ihm Schwung. Aus seinen Ateliers sind die Volkswagen Passat und Golf, der Audi 80, die Fiat Uno und Punto hervorgegangen, aber auch ein Bugatti EB 112 Prototyp, der vielleicht nie in Serie gehen wird; die berühmte Bugattiform als glattgeschliffener Kieselstein. Wie ein Pianist Chopin spielt, hat Giugiaro hier Bugatti gespielt. Man könne die Eigentümlichkeit dieses Wagens aber erst erkennen, wenn er vielfach reproduziert worden sei, sagt Giugiaro. Autos seien Serienprodukte und offenbarten erst vervielfältigt ihren Charakter.

»Das Auto ist fast ein Naturprodukt geworden, es hat in der Phantasie der kleinen Kinder das gleiche Gewicht wie Häuser und Bäume. Wenn man die Veränderung des Autos in seiner Geschichte betrachtet, könnte man gleichsam biologisch-morphologische Tabellen zeichnen, die den Schautafeln der Evolutionsforscher gleichen und die Entwicklung eines bestimmten Tiers durch die Jahrtausende illustrieren. Am Anfang war die Kutsche, die von Pferden gezogen wurde. Dann wurde das Pferd in das Gefährt integriert, eine lange Motorhaube ›zog‹ den Wagen. Dann wurde das vorn ziehende Tier immer kleiner, nur noch ein Eselchen. Dann verschwand es, und das ganze Auto wurde zum Tier, zum Igel, zum Tapir, zur Schildkröte. Das sind die neuen monovolumigen Autos ohne sichtbaren Motor- und Gepäckraum. Diese Entwicklung hat tatsächlich ihre Eigengesetzlichkeit, wie die Entfaltung eines Plans der Natur, denn die Menschen sind noch gar nicht richtig auf dieses monovolumige Auto eingestellt. Wir sind keine Vernunftwesen, sondern hängen an unseren Sinneseindrücken. Wir könnten uns schließlich längst von Pillen ernähren, aber wir essen noch immer das Brot unserer Vorfahren. Und so wollen wir eben auch immer noch sehen, daß das Auto von irgend etwas ›gezogen‹ wird.«

Giugiaro hört, während er spricht, niemals auf zu zeichnen, jedes Wort wird von Strichen begleitet, und die erwähnte Evolutionstabelle ist gleichzeitig auf dem Papier entstanden.

»Alles, was man ändern will, muß in winzigen Schritten geschehen. Ich bin zum Beispiel eben dabei, die Autos wieder höher zu machen, damit man nicht mehr in sie hineinkriechen muß, sondern, wie früher, hineinsteigen kann. Aber das geht nicht von heut auf morgen. Jedes Jahr werde ich meine Entwürfe zwei Zentimeter höher machen. Und in zwanzig Jahren werden wir dann bei dem idealen Auto angekommen sein« – jetzt lächelt er – »das es im übrigen schon gibt: das Londoner Taxi.«

EIN ERDACHTES GESPRÄCH

Viel schöner, als die großen Drei von Turin in ihren Büros zu besuchen, müßte es sein, sie zu belauschen, wenn sie zusammenkommen und über die Zukunft beraten. Was sie dem neugierigen Frager aus Deutschland gesagt haben, fügte sich schöner zusammen, wenn sie sich damit gegenseitig ergänzten. Turin hat feierliche alte Restaurants aus den Tagen des Grafen Cavour, die für diskrete Zusammenkünfte von Königen gut geeignet sind. Allerdings ist das Essen dort eine zu ernsthafte Angelegenheit, als daß man es allzulang mit dem Geschäftlichen vermischen könnte; spätestens wenn die Gnocchi aus Kastanien in der weißen Trüffelsauce kommen, wechselt man zu allgemeinen Themen. Signor Bertone hat ein amüsantes Erlebnis gehabt. »Ich habe einen Maler besucht, ich sage nicht welchen – einen berühmten Mann, einen Professor an der Akademie. Er hat mir sein neuestes Werk gezeigt: eine große Leinwand, vollkommen weiß und in der Mitte ein schwarzes Pünktchen. ›Wundervoll, Professore‹, habe ich gesagt, ›aber meinen Sie, es würde das Werk vollkommen zerstören, wenn ich noch ein zweites Pünktchen darauf machte?‹« – »Wir sind Ingenieure«, antwortet lächelnd Giugiaro seinem Lehrmeister, »und bei uns kann ein Pünktchen große Folgen haben. Aber was Ihren Maler angeht, muß ich nur an meinen

Großvater denken. Der war, wie Sie wissen, Dekorations-
maler und füllte die Wände und Decken von Villen und
Palazzi mit den tollsten Malereien. Es ist ganz einfach: die
Anbetung der weißen Leere heute ist nur eine Folge unserer Armut. In Japan gehört es zum guten Ton, die heiße
Suppe laut zu schlürfen. Dabei kühlt sie ab, man kann sie
schlucken. Die Japaner sind praktisch: sie haben das Schlürfen also für etwas Schönes erklärt. Und wir machen in der
Kunst das gleiche. Wir haben kein Geld mehr für aufwen-
dige Dekorationen, und deshalb entdecken wir die Erhabenheit des Kahlen.« – »Zweifellos«, sagt Pininfarina,
»sind die klassischen Künste tot. Was man früher unter
Kunst verstanden hat, gibt es nicht mehr. Heute gibt es uns
und unsere Arbeit: das Design. Und manchmal glaube ich,
daß uns die reinen Techniker, die Leute, die überhaupt nicht
nach der Schönheit fragen, sogar noch überlegen sind. Der
Motor des Testarossa-Rennwagens ist eine derart makellose
Skulptur, daß ich mich geradezu schuldig fühle, sie unter
einer Motorhaube verborgen zu haben. Der Testarossa-Mo-
tor gehört eigentlich unter Glas. Das ist gegenwärtig zwar
noch ein technisches Problem, denn der Schmutz, den der
laufende Motor hervorbringt, würde ihn sehr schnell wieder
den Blicken entziehen, aber eines Tages werde ich das lösen!« – »Eine originelle Idee!« sagt Giugiaro, »und Sie
brauchen nicht zu befürchten, daß ich Sie Ihnen stehlen
werde. Ich habe ein bißchen Angst vor originellen Ideen.
Originelle Ideen sind selten praktisch – das sagen Sie ja
selbst –, aber sie sind oft auch nicht schön. Sehen Sie diesen
kleinen Löffel: vorn die Löffelschale, dann der Stiel, zunächst noch schlank, dann aber breiter werdend und zum

Ende rund geschwungen. Auf dieses breite runde Ende hat man früher ein Ornament gesetzt, und das hat schlechte Designer, als die Ornamente aus der Mode kamen, zu dem Fehlschluß verführt, dies breite runde Ende sei überflüssig. Dabei hat es eine Funktion: es bildet ein Gegengewicht zur Löffelschale, und es verhindert, daß sich der Löffel in der Hand dreht. Meine Erfahrung ist immer gewesen, daß Schönheit nur entsteht, wenn man solche Gesetzmäßigkeiten beachtet. Vollkommene Freiheit hilft der Schöpferkraft nicht. Die Zwänge spornen uns an, die großen Lösungen zu finden!« Bertone sieht seinem Schüler freundlich zu und stellt dann die Frage: »Wir gebrauchen das Wort Schönheit immer in voller Selbstverständlichkeit. Aber was ist das eigentlich genau?« – »Sie fragen etwas, was Sie sehr wohl wissen«, antwortet Pininfarina mit einer leichten Strenge, »auch wenn Sie und ich das nicht immer ausdrücken können. Wenn Sie einen Fisch oder einen Vogel sehen, wissen Sie sofort: das ist ein schönes Tier oder das ist ein häßliches Tier. Was uns diese Sicherheit gibt, sind die Proportionen. Bestimmte Proportionen empfinden wir als angenehm, andere nicht. Sie kennen doch Leon Battista Albertis Begriff von der Harmonie der Proportionen – sie ist das Geheimnis der Schönheit.« – »Sie haben wahrscheinlich recht«, sagt Bertone, »und doch habe ich mir bei meiner Arbeit bis auf den heutigen Tag niemals die Frage beantworten können, ob ich etwas Schönes mache. Das habe ich immer erst später gewußt. Sie kennen den Moment, wenn man den neuen Prototyp dem Kunden vorstellt, ein aufregender Augenblick. Bei dieser Gelegenheit beobachte ich meine Kunden immer sehr genau. Da stehen sie vor dem neuen Auto. Und dann kommen die Lobsprüche und Fragen, dann möchte man irgendein Detail erklärt bekommen, dann gibt es auch Kritik und Unverständnis. Aber wenn es nichts von alldem gibt, nicht einmal Lob, sondern ein verblüfftes Schweigen und dann ein Lächeln – wenn ich sie lächeln sehe, dann weiß ich, daß ich etwas Schönes gemacht habe.« Giugiaro hebt sein Glas und sagt: »Wirklich bewundert wird ohnehin nur das Aristokratische.« Da wird ein neuer Wein gebracht, und die Unterhaltung muß unterbrochen werden, um ihn zu prüfen.

DIE SAGE VON DER ENTSTEHUNG
DES AUTOMOBILS
UND SEINER ERRETTUNG

Es hatte im Kreis der Parzen schon länger Überlegungen gegeben, es auf Erden wieder einmal mit einem demokratischen Jahrhundert zu versuchen. »So einfach ist das aber nicht«, sagte Klotho. »Ich kann nicht einfach Demokratie in meinen Faden hineinspinnen und hoffen, daß auf Erden dann ohne weiteres damit gestrickt wird.« – »Das haben wir doch noch nie getan«, antwortete Lachesis. »Wir haben uns bisher doch immer ganz genau um die Begleitumstände gekümmert. Erinnere dich an Athen!« – »Athen!« rief Klotho. »In Athen waren drei Viertel der Bevölkerung Sklaven! Da war die Demokratie keine Kunst!« – »Oder denke an die Schweiz«, sagte Atropos und klapperte mit ihrer Schere. »Die Schweiz war arm!« antwortete Klotho, »Bergbauerngemeinden in abgelegenen Tälern! Da gab es keine großen Verteilungskämpfe!« – »Wir wollen uns ja auch nicht wiederholen«, sagte Lachesis. »Und natürlich sehen wir alle das Problem. Wenn wir die Demokratie für ein Weilchen wirklich leben lassen wollen, genügt es nicht, einfach die Gleichheit aller Bürger zu verkünden. Es gibt viel zu viele Interessengruppen, die sich vordrängen und auf Kosten des Ganzen bereichern wollen. Wir müssen etwas finden, das die zerstörerischen Kräfte des Neides kleinhält und seine nützlichen Kräfte freisetzt.« – »Wir müssen etwas finden, das ein gemeinsames Interesse aller Bürger begründet«, fuhr Atropos fort. »Wie hemmend war in den Monarchien zum Beispiel stets der Gegensatz zwischen den Kaufleuten und den Bauern und dem Militär. Das Militär brauchte Geld und die Bürger wollten es nicht herausrücken. Voraussetzung für die Demokratie muß aber die Einigkeit sein, jedenfalls in den wichtigsten Fragen!« – »Alle müssen an einem Strang ziehen! Alle müssen sich mit ein und derselben Angelegenheit befassen!« sagte Klotho. »Ich denke gerade noch einmal an das ägyptische Modell ...« – »Die Pyramiden!« sagte Lachesis und nickte. »Der ganze Staat ist damit beschäftigt, Pyramiden zu bauen. Das muß man jetzt eben ins Demokratische umwandeln.« – »Es müßte jeder einzelne seine eigene Pyramide bauen«, sagte Atropos träumerisch. »Das ist zu platt gedacht. Man muß abstrahieren!« sagte Lachesis. »Die ganze Gesellschaft muß damit beschäftigt sein, einen vollkommen überflüssigen, aber unerhört komplizierten Gegenstand herzustellen, der zu seiner Pflege und Benutzung weitere unerhörte Anstrengungen der gesamten Gesellschaft fordert.« – »Zugleich muß aber auch jeder Bürger ihn erwerben können«, warf

Klotho ein, »ja, jeder Bürger muß darauf angewiesen sein, ihn zu erwerben. Aus dem Überflüssigen muß in der Phantasie der Bürger etwas Notwendiges werden.« – »Am besten wäre es«, sagte Atropos grübelnd, »wenn dieser Gegenstand, den alle herstellen und alle kaufen müssen und der deshalb die für die Demokratie so wichtige Gleichheit erst eigentlich schaffen würde, zugleich im einzelnen Eigentümer die Illusion der Freiheit erzeugte ...« – »... und damit das Joch der Gleichheit süß und leicht erscheinen ließe«, sagte Klotho, indem sie den tastenden Gedanken ihrer Schwester jubelnd ergänzte. Dann wandten sich die drei wieder ihren Fäden zu, spannen, maßen und schnitten und lächelten dabei zufrieden.

So wurde das Automobil erfunden. Ein großer Teil der Bürger war ausschließlich mit seiner Erzeugung beschäftigt, ein ähnlich großer wenigstens teilweise, jeder aber kaufte es, und so war jede Art der Beschäftigung gerechtfertigt und in den Dienst des großen Ganzen eingebunden. In einer titanischen Anstrengung wurde die Landschaft ganzer Erdteile verwandelt und umgebaut, um überall Auto fahren zu können. Kriege wurden um das Benzin geführt, wie überhaupt der Gegensatz zwischen Militär und Handeltreibenden verschwand, als das Heer Autos zu kaufen begann. Das Auto erfüllte den ihm von den Parzen zugedachten Zweck, indem es zu dem alle Interessen vereinenden, alle Träume bündelnden Endziel der Staaten wurde, und weil es ein solches allgemeinverbindliches Ziel gab, begann ein tiefer Frieden zu herrschen. Die Demokratie war wirklich sicher geworden.

»Unsere Idee war zu gut!« rief da – etwa hundert Jahre später — Lachesis und blickte besorgt auf ihr noch ziemlich dickes Garnknäuel. »Jeder hat nun bereits mehrere Autos! Die Autos werden immer besser und immer ähnlicher! Die geballte Intelligenz des ganzen Äons ist in das Auto geflossen und hat es zu einer Vollendung geführt, die ihm tödlich werden kann! Wie wird der Markt sich entwickeln, wenn Verbesserungen nicht mehr zu erwarten sind? Ich habe noch soviel Demokratie auf der Rolle — wir können auf das Auto noch nicht verzichten!« — »Das müssen wir auch nicht«, sagte Atropos beruhigend. »Längst schon haben die Klügsten erkannt, daß das Wichtigste am Auto sein Aussehen ist. Das Aussehen beschäftigt die Vorstellungskraft der Käufer am meisten. Eine neue Form, eine neue Farbe läßt das Auto, das man bereits besitzt, kläglich aussehen und weckt Sehnsucht nach dem neuen. Das Auto wird gerettet durch die Erfindung immer neuer Karosserien, Schwester!« — »Das Design rettet das Auto, das Design rettet die Demokratie!« sagte Klotho und blickte weise um sich. »Jedenfalls solange, bis ich komme«, sagte Atropos und ließ wieder ihr Scherchen klappern.

Ciro Paones
Schneiderkunst

Die schönste Stadt der Welt

Im 18. Jahrhundert war Neapel eine der drei europäischen Metropolen. Im 19. Jahrhundert war Neapel des Traumziel schwärmerischer Seelen. Im 20. Jahrhundert sah es lange so aus, als wolle sich die Stadt in einen einzigen großen Abfallhaufen verwandeln. Die Neapolitaner gehen mit ihrer Stadt um wie eine Kinderschar mit ihrer Mutter: Sie trampeln auf ihr herum und nutzen sie auf das Rücksichtsloseste aus, und sie lieben sie zugleich bedingungslos und sind immer bereit, die letzten Spuren einer von ihnen selbst zerstörten Schönheit zu preisen. *Bellezza*, »Schönheit«, ist ein Schlüsselwort in der Konversation eines Neapolitaners. Etwas Beschwörendes, Herausforderndes liegt in der Stimme Ciro Paones, als die Rede auf die Schönheit Neapels kommt. »Was hat Neapel der Welt nicht alles gegeben?« ruft er klagend aus. »Wir haben der Welt die

Pizza, die Mozzarella, die Spaghetti gegeben. Und was haben wir von der Welt zurückbekommen?«

Doch nicht etwa die Schneiderkunst? Signor Carola, der Partner von Ciro Paone, erinnert an die vielen reichen Engländer, Sir William Hamilton und Lord Acton, die im 19. Jahrhundert Paläste auf dem Posilipp bewohnten und neapolitanische Schneider an ihren Geschmack gewöhnten. »Pah! Engländer!« schnaubt Ciro Paone. »Ein Neapolitaner braucht keine Engländer, um Schönheit und Eleganz zu lernen! Neapel hat *la più bella nobiltà del mondo*, den schönsten, den elegantesten Adel der Welt! Der Adel von Neapel ist echter Adel, kein päpstlicher, falscher, neuer. Ein neapolitanischer Fürst ist ein großer Herr, und diese Herren haben den neapolitanischen Schneidern den Sinn für die Schönheit, den Geschmack vermittelt. Der Geschmack bildet sich nur an großen Vorbildern aus – an den großen Herren muß man sich orientieren und bereit sein, den Preis dafür zu zahlen, das ist kein schlecht angelegtes Geld.«

San Ciro ist der Namenspatron von Ciro Paone, aber zugleich einer der sechs Protektoren Neapels, die den Schutzpatron der Stadt, den Heiligen Januarius, wie ein Hofstaat umgeben. Diesen sechs himmlischen entsprechen sechs irdische Protektoren, fünf Fürsten und ein Repräsentant des Volkes von Neapel, die den Tresor hüten, in dem die Blutampulle des Heiligen Januarius eingeschlossen ist. Im Frack mit blutrotem Ordenscordon umgeben sie das wunderbar verflüssigte Blut, während draußen der Kanonendonner über die Stadt rollt. Nein, es gibt viele gute Gründe, stolz darauf zu sein, aus Neapel zu stammen, und es muß ein nicht auszuschöpfendes Glück darin liegen, sich in Gesellschaft anderer Neapolitaner der *napolitanità* immer aufs neue zu vergewissern.

»Die einzige Sprache, die ich spreche, ist die Neapolitanische!« sagt Ciro Paone, und seine Neffen und seine Freunde nicken; das gilt auch für sie. Und dann beginnt ein heftiger Sprachenstreit am Tisch, denn Paone behauptet, daß ein gewisses wüstes Schimpfwort, das er seinem Gegenüber soeben an den Kopf geworfen hat, im Neapolitanischen auch als hohes Kompliment verstanden werden könne, und die andern behaupten, davon noch nie etwas gehört zu haben. Und mitten in dieser lustvollen Unterhaltung kommt der Kaffee, und der Gast wird kritisch betrachtet, ob er versteht, was ihm vorgesetzt wird: ja, es ist ein wundervoller, ein außergewöhnlicher Kaffee, es ist der beste Kaffee der Welt!

Die Manufaktur

König Philipp II. konnte durch ein Fensterchen in seinem Schlafzimmer gegenüber seinem Bett auf den Hochaltar der Kathedrale von San Lorenzo im Escorial blicken. Ciro Paone braucht nur einen Schritt aus dem Marmorsaal zu tun, in dem er arbeitet, um an ein Fensterchen zu gelangen, das ihm ermöglicht, die hundert fleißigen Hände zu sehen, die in der großen Fabrikhalle Anzüge nähen. Es ist verblüffend, wie wenig Geräusche die vielen Menschen hervorbringen; Maschinen sind ohnehin nicht zu hören, denn hier wird nur mit der Hand gearbeitet. Um niedrige Tische sitzen immer etwa zehn Männer im Kreis, mit Nadel und Faden über einen Ärmel, ein Hosenbein, ein Innenfutter gebeugt, blasse Gesichter, die bei der Arbeit nicht reden; weiße Hände, die den Fingerhut auf dem Mittelfinger tragen, leicht zusammengekniffene Augen, die auf eine feine Naht gerichtet sind.

»Ein guter Schneider braucht zwanzig Lehrjahre, um brauchbare Arbeit zu leisten«, sagt Ciro Paone. »Da muß man früh anfangen. Du, Mario, wie alt warst du, als deine Eltern dich in die Lehre geschickt haben?«

»Fünf Jahre«, sagt der Mann mit unbewegtem Gesicht.

»Und du, Antonio?«

»Sieben Jahre.«

»Und du, Gennaro?«

»Sechs Jahre.«

Ordentliche Leute haben in Neapel auch nach dem Zweiten Weltkrieg noch dafür gesorgt, daß ihre Kinder nicht auf der Straße herumlungerten, und haben ihnen für gutes Geld eine Lehrstelle gekauft. Der winzige Schneidergehilfe begann damit, die Kohlen für das schwere Bügeleisen mit einem Fächer zum Glühen zu bringen. Wer mit einem Schaden am Bein oder der Hüfte zur Welt kam, war ohnehin ein geborener Schneider, desgleichen die von der Kinderlähmung Geschlagenen. Aber heute sind die Leute gesund und genußsüchtig und wollen nicht mehr Schneider werden.

»Du, Cataldo, läßt du deinen Sohn Schneider werden?«

»Er soll niemals das Leben seines Vaters führen müssen«, sagt der Fünfzigjährige.

»Zwischen vierzig und fünfzig sind unsere jüngsten Schneider, Nachwuchs gibt es keinen. Wir können uns nicht leisten, einen Mann in Rente gehen zu lassen. Für zwanzig Jahre sind wir noch mit Arbeitskräften, echten neapolitanischen Schneidern, versehen. Danach können wir zumachen.« Oder kommen dann die Chinesen? »Wenn die Asiaten kommen, dann wird es meine Firma nicht mehr geben; ein chinesischer Schneider hat kein Gefühl für das, was einen wirklichen Anzug ausmacht!« Und warum bildet man keine Frauen aus? »Frauen sind nur für ganz bestimmte Arbeiten geeignet, für Knopflöcher vor allem, die sie regelrecht umsticken müssen. Eine Männerhose kann eine Frau zur Not auch noch nähen, aber eine Jacke niemals! Das ist einfach eine Tatsache, unsere langjährige Beobachtung! Es ist dieses hier«, er zeigt auf den Ansatz des Ärmels und den Übergang zur Brust, »was ihnen immer mißlingt. Zeigen Sie mir eine Schneiderwerkstatt auf der Welt, in der Frauen Männerjacketts machen!«

Da sitzt etwas abseits ein von den anderen abgekehrter Mann mit einem schwarzen Stoff auf dem Schoß und zieht in engen Stichen mit schwarzem Faden eine Naht. »Zeig das her, Dulino«, sagt Ciro Paone, und der düstere, bedrückt wirkende Mann hebt den Stoff in die Höhe.

»Zeigen Sie mir die Naht, Dottore«, sagt Paone, »Sie können es nicht, denn Sie sehen sie nicht! Diese Naht hat keine eigentliche Funktion, sie soll nichts zusammenhalten! Und sie muß unbedingt völlig unsichtbar sein! Das sind unsere Spezialitäten, solche Tricks! Diese Naht ist nur für das hier«, er macht eine Handbewegung wie ein Zauberkünstler, der mit dem Taschentuch wedelt, das er aus einem Ei gehext hat, »für das *je ne sais quoi*, den unmerklichen Schwung, die undefinierbare Anmut, die letzte Vollendung des Falls.« Und der düstere Schneider sieht ihn bei diesen Worten an, als begreife er nun zum ersten Mal, was er da eigentlich tut.

CIRO PAONE

Im Museo Capodimonte in Neapel hängt im Tiziansaal ein großes Dreierportrait, das auf das Schönste illustriert, was in dem Ausdruck »Nepotismus« alles mitschwingt: Papst Paul III. Farnese mit seinen beiden Neffen, die den greisen Pontifex mit all der Ehrfurcht umgeben, die dem Chef einer einträglichen Familienfirma geschuldet wird. Ciro Paone hat nichts von der mißtrauischen Hinfälligkeit des tizianischen Hohenpriesters, aber wenn seine glatten, hübschen weltläufigen Neffen – sie haben in Brighton englisch gelernt, weil man dort, so glaubt der Onkel, das beste Englisch spreche – sich dekorativ an seine Seite begeben, dann spürt man, daß Tizian in seinem Familienbild einen überzeitlichen Grundzug in der Lebensform Italiens festgehalten hat. Der Onkel muß hoch hinaufgreifen, wenn er die jungen Leute am Ohr ziehen oder in die Backe kneifen will, und er sieht sie dabei nicht einmal aus seinen großen Augen mit den langen Wimpern an, die ihren Ausdruck unablässig verändern, majestätisch rollen, wehmütig schmachten, kindliche Treuherzigkeit verbreiten und zwischendrin immer wieder kühl beobachten. Der große Totò, der legendäre Volksschauspieler Neapels, der im Privatleben ein Principe de Curtis war und sich seiner byzantinischen Abkunft rühmte, hatte genau solche Ikonenaugen, die, was bei

Ikonen doch überrascht, so unwiderstehlich komisch sein konnten. Blind sind sie jedenfalls nicht, Ciro Paones Riesenaugen in dem schildkrötenhaft zerfurchten Gesicht, die dauernd damit beschäftigt sind, Ausdruck zu produzieren. »Meine Augen ersparen mir Fremdsprachenkenntnisse«, sagt Paone. Auf Geschäftsreisen sitzt er in einem Glaspalast in Houston oder in einer düsteren Fabrik in Schottland den fremden Geschäftsleuten gegenüber und studiert nur ihre Gesichtszüge; die können ihm nichts verheimlichen. Ciro Paone ist kein Schneider, sondern ein Stoffhändler von seiner Herkunft her, und er trägt auch wie ein Stoffhändler, der mit der Elle hantieren und die kleinen Zahlen lesen muß, seine Brille an einer Schnur um den Hals. 1969 hat er seine Firma gegründet; seitdem führt er sie zusammen mit seinem Freund Signor Carola oder auch gegen ihn. »Wir sind wie ein Ehepaar! Es gibt nämlich in Wahrheit gar keinen Unterschied zwischen Mann und Frau, die Männer sind genauso eitel wie die Frauen. Wir zanken uns jeden Tag dreißigmal, und oft genug muß ich nachgeben, denn wenn die Frau sagt: heut gibt es Spaghetti mit Tomaten, dann gibt es Spaghetti mit Tomaten.« Beide Herren sind inzwischen Großväter, beide Häupter bedeutender Clans, und keiner von beiden lächelt bei diesen Worten: man ist Realist.

Wenn Ciro Paone zuhört, nimmt er immer wieder eine für ihn offenbar bezeichnende Haltung ein: er legt die kleine trockene Hand auf seinen dicken Haarschopf und läßt die Finger über die Stirn herunterhängen. Das sieht aus wie die Geste eines Schauspielers, der sich eine am Haaransatz festgeklebte Maske vom Gesicht reißen will. Bei Paone darf die Maske jedoch bestehen bleiben, denn sein Geschäft ist nicht die expressionistische Entblößung, sondern die elegante Bekleidung des Menschen.

Ein vollkommener Anzug

Ciro Paone liebt die Menschen aller Völker und Klassen, aber es gibt da inmitten eines eiskalten Meeres eine gewisse Insel, die bei Uneingeweihten den Ruf besitzt, die Heimat der Schneiderkunst zu sein, und es hat den Anschein, als ob er diese Insel etwas weniger liebe als den Rest der Welt. »Ein Anzug aus England«, sagt Ciro Paone, als schildere er ein zutiefst bedauerliches, ein sein ganzes Mitleid erregendes Unglück. »Anzüge für diese fürchterlichen zugigen Häuser, für den Nebel, die Nässe und ein armseliges Kaminfeuer. Englische Anzüge sind Rüstungen für Stammeskrieger, Panzer, die den Körper wie Ofenrohre umgeben.« Dahingegen ein Anzug aus Neapel: leicht wie »aus Veilchenduft und Mondenschein«, um einen deutschen Dichter zu zitieren, der seine Feder gern in den Dienst gewinnbringender Vorhaben stellte. Aber Ciro Paone hat es nicht nötig, Lyrik zu bezahlen, um seine Produkte zu preisen, denn ihm selbst steht die Gewalt der Rede zu Gebote. »Sie wissen, was in einem Gedicht die Kommata bedeuten können, Dottore«, sagt Paone, »diese kleinen Strichlein, die eine kaum hörbare Pause bezeichnen. Auf sie kommt es an! Sehen Sie hier Ihre Brusttasche – die Kante gerade wie mit dem Lineal gezogen. Eine schöne Brusttasche ist ganz leicht, kaum merklich konkav, damit das Brusttaschentuch eindrucksvoller aus ihr herausquellen kann. Solche Details sind das Abzeichen der Vollkommenheit! Und unsere Kunden haben einen Anspruch auf Vollkommenheit.« Und nun hebt er die Stimme zu einem erhabenen Schwur: »Wir bescheißen niemanden — niemals. Niemals und niemanden!«

Paone beherrscht aber auch den wortlosen Qualitätsbeweis. Vor einer Rolle des feinsten schwarzen Mohair hält er inne; er ergreift ein Stück Stoff und packt so viel wie eben möglich in seine Faust, er knautscht und preßt den Stoff zusammen und öffnet die Hand plötzlich wieder: wie ein Frosch springt der Stoff heraus und liegt alsbald in makelloser Glätte auf dem Tisch. Selbst die ganze »Götterdämmerung« in brütender Hitze wird diesem Mohair kein Fältchen beibringen können.

Wie sitzt ein Anzug seines Hauses denn nun eigentlich? Die Stoffe sind so leicht, daß man den Eindruck hat, sie seien mit rasanter Fingerfertigkeit nur irgendwie lose um den Körper herumgeheftet. Ciro Paones ausdrucksvolle Beckenpartie wird durch die Gewichtslosigkeit der Gespinste, aus denen seine Hose besteht, noch betont. Ein warmes winterliches Hemd ist wahrscheinlich schwerer als ein ganzer Anzug. An einem dicken Mann aus dem Freundeskreis von Ciro Paone gelang es schließlich, die Charakteristika der Handarbeit zu studieren, während er bewegt von Ciro Paone als dem Doyen des Handwerks von Neapel sprach, dem Retter der großen Tradition, der den Begriff der neapolitanischen Qualität wieder ins Bewußtsein der Welt gerufen habe. Leicht gekräuselt saßen die Ärmel an der Jacke, am Rocksaum lief die handgestichelte Naht, die

Knöpfchen am Ärmel saßen nicht ganz exakt und verrieten, daß keine Maschine sie dort festgestanzt hatte. »Wo denken Sie hin, das ist kein Anzug von Paone«, sagte der Freund, ohne über die Naivität des Fremden verstimmt zu sein. »Wir hier in Neapel haben alle unseren eigenen Schneider.« Glückliche Stadt! Aber nicht jeder kann im Bannkreis von soviel Schönheit leben. Da muß man dankbar sein, durch Ciro Paone wenigstens ahnen zu dürfen, was ein neapolitanischer Schneider alles kann.

DAS WUNDER VON NEAPEL

Der Chiton der Griechen, dieses vollkommen schöne Gewand, das in unzähligen kleinen Falten an den Körpern der Männer und Frauen hinabfiel, gibt den Schneidern von heute ein bis jetzt ungelöstes Rätsel auf: Welcher Stoff ist so transparent und leicht, daß er sich wie der Schaum des Meeres kräuseln, blähen und dehnen kann, und zugleich so schwer, daß er sich fest an die Körper schmiegt und ihre Formen modelliert? Signor Paone und sein Partner Signor Carola dachten an den legendären Chiton, als sie ihrer gemeinsamen Firma den Namen gaben, nur daß sie das Ch durch das in Italien viel exotischere, viel griechischere K ersetzten – *grechissimo*. Und ist ein Neapolitaner nicht schließlich vor allem ein Grieche? Wie ein Bildhauer spricht Ciro Paone über das wichtigste Stück eines Anzugs, den »tragenden Pilaster«; es ist der Rockkragen, der den Nacken umgibt und an den sich die Revers anschließen. Dieses kleine Stück Stoff entscheidet alles, den Sitz, den Fall, die Form.

Jeder Mensch hat einen anderen Hals, jedem Menschen sitzt der Hals in einer anderen, niemals wiederkehrenden Weise auf dem Nacken. Diese Worte Ciro Paones hat vor ihm Bernini ausgesprochen, der geniale Portraitist, der glaubte, daß zur Erreichung größter Ähnlichkeit vor allem der Nacken des Modells studiert werden müsse. Aber während der Zuhörer noch staunt, steigt auch schon die Frage in ihm auf: Wenn das so ist, wie kann dann ein Kitonanzug – handgemacht mit aller liebenden Sorge, aber eben dennoch kein Maßanzug, ein kostbarer, ein luxuriöser, aber eben immer noch ein Konfektionsanzug –, wie kann er den vielen Käufern mit den unterschiedlichen Halsansätzen dennoch passen?

Jetzt müßte man Ciro Paone vor sich sehen, den langen stummen Blick unter den schweren Augenlidern, die Hände, die sich zu forensisch ausdrucksvollem Spiel erheben, den Beschwörungsgestus des Schamanen, der das Leben aus dem scheinbar Unbelebten herauskitzelt. »Warum ist die Edelkonfektion aus Amerika – da gibt es ein paar Häuser – für uns keine Konkurrenz?« fragt er mit einem beinahe drohenden Unterton. »Für das Anzugmachen gilt genau dasselbe wie fürs Spaghettikochen: man darf nur die allerbesten Zutaten nehmen, das reinste Öl, die reifsten Tomaten, den frischesten Knoblauch. Gut, das wissen die Amerikaner auch. Aber eines wissen sie nicht«, die Stimme senkt sich, beschwörend, hauchend, »die Stoffe haben eine Seele!« Und mit dieser Seele haben seine Schneider ein Bündnis geschlossen, sie ist es, die ihnen bei der geheimnisvollen Transformation hilft, die ein Anzug nach der Überzeugung von Ciro Paone durchmacht, wenn er im Ge-

schäft von der Stange genommen und in den Kleiderschrank eines Käufers gelangt ist. »Unsere elastischen
Nähte dehnen sich, sie erspüren den Körper des Trägers
und fühlen sich in ihn hinein, wozu eine Maschinennaht
niemals fähig wäre. Ich schwöre Ihnen, Dottore, es ist die
Wahrheit; Sie kaufen bei mir einen Anzug, Sie tragen ihn
zwei, drei Tage hintereinander, Sie lassen Ihrem Körper ein
ganz klein wenig Zeit, sich mit dem neuen Anzug zu ver-
mählen, und das Wunder ist geschehen: aus einem Konfektionsanzug ist ein Maßanzug geworden, für Sie allein und
nur für Sie gemacht!«

ITALIENS PLÄTZE
BEI NACHT

I.

Nachts werden die Plätze Italiens zu Opernbühnen. Nicht für Monteverdis zeremonielle Tragödien, nicht für Mozarts zerebrale Komödien und auch nicht eigentlich für Verdis Historiendramolette. Die nächtlichen Plätze gehören der Welt des »Verismo«, Puccini, Mascagni, Leoncavallo. Die historischen Bauten ragen unzugänglich und mit geschlossenen Fensterläden in einen Nachthimmel, den die blendendweißen Lampen in einen üppig schwarzen Samt verwandelt haben. Hier werden sich die Schicksale wundstoßen, die unbarmherzige, abweisende Pracht der alten Mauern wird die schmachtenden Seufzer, die sehnsuchtsvollen Kantilenen, die strahlenden Melodienbögen, in denen die Helden die Kostbarkeit ihres Schmerzes unwiderstehlich dargestellt haben, zurückwerfen, nicht ohne sie dadurch in Fülle und Wohllaut verstärkt zu haben. Jede Gasse, die in den Platz einmündet, ist die Gasse eines Auftritts. Die Leere des verlassenen Platzes, der in dem eisigen pathetischen Licht der Laternen daliegt, erzeugt Erwartung. Gleich wird neben der monumentalen Kirchenfassade, deren Tore nicht einmal Türklinken haben und deshalb besonders unnachgiebig verschlossen wirken, die Protagonistin aus dem Dunkel hervorbrechen, wundervoll geschminkt mit breitem, rotem Mund, auf der Stirn den kaum sichtbaren Gazestreifen klebend, mit dem die Perücke befestigt ist, die Frisur eines Dienstmädchens mit zwei billigen Kämmchen in den tizianroten oder roßhaarschwarzen Haarrollen, die das weißgepuderte Gesicht einrahmen. Sie wird laufen, als habe sie der Inspizient in den Rücken gestoßen, sie wird leicht gebeugt stehenbleiben, die geöffneten Handflächen mit den gespreizten Fingern in der Höhe der Oberschenkel halten, sie wird die Ellenbogen langsam anwinkeln, die Hände wandern über den Körper nach oben, und dann wird sie den fast rauhen ersten Ton aus sich herausfließen lassen, der allen Zuhörern im schwarzen Saal Schauder über die Haut laufen läßt.

Was tags vernachlässigt aussieht, ist nachts mit Bedeutung und rhetorischem Ernst aufgeladen. Da steht die Vespa, dumm und häßlich, aber jetzt mit ihren Schlagschatten und den im Neonlicht aufblitzenden Chromteilen hat sie fast die Dramatik eines Reiterdenkmals. Die Drähte und Leitungen, die tagsüber den Blick auf den Platz verschandeln, sind nun die raffinierte, wirklichkeitssteigernde Zutat eines veristischen Ausstatters. Wie hat er die Atmosphäre doch so genau gesehen! Wie wirkungsvoll waren die Drähte doch gezogen: Sie stellten eine präzise Beziehung zwischen den

beiden Bühnenhälften her und bereiteten damit die Liebes-
katastrophe des Soprans und des Tenors dramaturgisch
packend vor! Wie eigentümlich hat die rote Leuchtschrift
des Wortes »Bar« zu den schon fast gesichtslos gewordenen,
durch ein Jahrtausend abgeschliffenen romanischen Löwen
des Kathedralportals gepaßt! Das einzelne beleuchtete Fenster, das halb mit einem gelben Tuch verhängt war – welch
einen unheilschwangeren Akzent hat das gesetzt! Und die
bläuliche Tageslichthelle, das Nachtlicht des Theaters und
der Filme der vierziger Jahre, eine Helligkeit, die jeder Betrachter ohne weiteres mit »Nacht« assoziiert!

Was war zuerst da, ein nächtlicher Platz in Italien oder die
veristische Oper und die in ihrem Gefolge entstandenen
Filme? Der große Lehrer der Ästhetik Oscar Wilde müßte
über die Antwort keinen Augenblick nachdenken: natürlich die Oper! Ganz friedlich haben die Leute in ihren
schönen alten Städten gesessen und ein Leben innerhalb des
alltäglichen Spektrums der Emotionen geführt, bis die
Komponisten und die Librettisten plötzlich die Dämonie
des Schicksals in der Verschlafenheit verlassener Plätze ent-
deckten. Und jetzt stehen die alten Mauern da und warten
vergeblich, daß sie von dem bedrohlichen Crescendo eines
Riesenorchesters und dem Schreien einer Primadonna erfüllt werden.

II.

Nachts versinken die Plätze Italiens in die Todesstarre der
Provinz. Als die Sonne sank, war der Platz noch voller Menschen. Überall standen Gruppen in lebhafter Unterhaltung.

Von einem erhöhten Standort konnte man Strömungen beobachten, die sich durch die statischen Ansammlungen
hindurchzogen, sie umspülten, sie teilweise auflösten und
mitzogen – eine weit kreisende Bewegung, die nach höheren Gesetzen als dem Willen der Herumspazierenden abzu-
laufen schien.

Um ein Motorrad versammeln sich junge Männer, sie rau-
chen. Wie die Pointe eines Witzes wirkt der überraschende
Start des Motorrades, das aus dem Grüppchen heraus-
schießt, eine kleine Runde dreht und auf einmal wieder da
ist. Bewegung hat auf dem nächtlichen Platz kein Ziel, sie
ist die Organisationsform des Zusammenseins, ein rhetori-
sches Mittel in der vielfältigen, den Platz mit summenden
Wolken erfüllenden Konversation. Das Bild ist schön,
denn wie in alten Zeiten kleiden sich die Männer uniform;
heute nicht mehr in den berühmten schwarzen Anzügen
mit Weste und Uhrkette, weit und bequem geschnitten,
im Westenausschnitt je nach Stand ein gestreiftes kragen-
loses oder ein blütenweißes, fest gestärktes Hemd mit sei-
dener Krawatte, sondern dafür in den demokratisierten
Abzeichen der Aristokratie aus dem Norden, den öster-
reichischen Lodenmänteln und den schottischen *shooting-
jackets*. Aus den Pelzmänteln der Frauen, die lange in den
Frühling hinein getragen werden, steigt ein zarter Muff aus
dem Kleiderschrank auf und mischt sich mit den guten
Seifen- und Parfümdüften. Der Fremde sieht sich um: Ist
hier irgendwo ein Theater in der Nähe, ein großes Hotel,
ein privates Fest? Nein, nichts davon. Das Ereignis ist der
Platz, man ist auf den Platz gekommen. Und doch tut jeder, als hätte er noch etwas anderes vor. Die jungen

Mädchen mit den frisch gewaschenen, blond gefärbten Haaren schauen abgelenkt und zerstreut um sich; sie warten auf etwas. Sie haben an sich gearbeitet, bevor sie den Platz betreten haben, und nun scheinen sie bloß hier fortkommen zu wollen. Und die Bewegung hört nicht auf. Immer wieder findet zusammen, was sich eben noch verabschiedet hat. Es wird dunkler und die Menge sieht weniger schön aus. Das kalte Lampenlicht ist ein Feind der Schminke. Sie sitzt unter den kalkigen Strahlen von oben wie eine fette Creme auf den Wangen, sie verbindet sich nicht mehr damit. Die schönen Mädchen sind auf einmal älter und nicht mehr so gesund wie eben noch.

Der fremde Betrachter hat in seiner Versunkenheit einen wichtigen Augenblick verpaßt. Jetzt leert sich der Platz wie auf ein Zeichen, das alle auf einmal verstanden haben. Die *passeggiata* ist zu Ende. »*Buona sera, dottore, ingegnere, cavaliere*«, sagen die weißhaarigen Herren. »Ciao, Carlo, Mimì, Totò«, sagen die jungen Mädchen. Dann treten, während die Ströme nach allen Richtungen versickern, die Kellner aus den Bars und legen die Tische und Stühle an lange Ketten. Eiserne Rolläden rasseln herunter. Jetzt ziehen die Kellner die weißen Jacken aus und holen die Motorräder hervor. Ein letztes Aufbäumen des Lärms, alle Maschinen brüllen zugleich. Dann ist Stille. Es ist kurz nach neun.

Der Lärm hat sich in seine geheimen Reservate zurückgezogen. Hinter den geschlossenen Fensterläden toben die Fernsehgeräte, und die Familien sitzen, als wollten sie die Lichtverhältnisse des großen Platzes nachahmen, auch zu Hause von gleißendem Licht übergossen rund um den

Eßtisch. Draußen liegt der Salon der Stadt, der Platz, als habe ihn schon lange kein Mensch mehr betreten. Das soll eine Stadt sein? Diese Arkaden, diese Säulen und diese Portale bergen wirklich menschliche Behausungen? Da läuft eine gestreifte Katze an den Mauern entlang, zielbewußt, als wolle auch sie nach Hause. »Nicht einmal eine Katze war mehr zu sehen«, soll man mit vollem Recht sagen können. In tiefer Verlassenheit warten die Steine der Stadt auf den Morgen, der sie wieder mit dem wuselnden Leben der Provinz umspülen wird.

III.

Die Nacht ist auf den Plätzen Italiens die Zeit der Geschichte. Wenn die Caféterrassen abgeräumt und wenn die Geschäfte für Jeans und Unterhaltungselektronik hinter ihren grauen Eisenläden verschwunden sind, wenn die Marktschirme zusammengeklappt werden und der unablässige Lärm des Straßenverkehrs verstummt, dann ist es plötzlich möglich, die Augen zu heben, die tagsüber durch die Reize und Gefahren der unmittelbaren Umgebung in den Bodenregionen gefangen waren. Nun treten mit stummer Gewalt die mächtigen Wände gleichsam einen Schritt nach vorn. Der Platz wird wieder zu einem großen leeren Zimmer, zu einem Saal in einem Palast, der die Stadt ist.
Die Stadtgründer der alten Zeit legten oft zuerst den Raum für den großen Platz fest. Eine Ansammlung von Häusern ist keine Stadt, aber ein abgesteckter Platz in wüstem Land hat gute Chancen, einstmals das Herz einer Stadt zu sein.

Im Platz sind die Grenzen zwischen Innen- und Außenraum aufgehoben. Die Paläste, die ihn umgeben, sind in ihren Fassaden ähnlich gegliedert wie in ihren Salons und Innenhöfen. Wer aus einer Kathedrale auf den Platz tritt, verläßt kein Gebäude, er begibt sich nur in einen andersartigen Raum. Die Stadt insgesamt ist das große Gebäude der Republik, die sie bildet. Der Platz ist das wichtigste Verfassungsorgan dieser Republik; hier stellen sich die Kräfte und Stände dar, die den Leib der Stadt formen: der Adel und die Kirche in den prächtigen Bauten, die die Grenze des Platzes bestimmen, und das Volk, das mit seinen vielen Stimmen den Platz ausfüllt, im alltäglichen Marktbetrieb, im Festefeiern und in der Revolte.

Nicht alle Plätze, die wir heute sehen, sind wie die Agora in Athen schon von den Gründern bezeichnet worden. Aber viele bewahren die Erinnerung an die Antike und halten in ihren Abmessungen uralte, längst untergegangene Funktionen fest. Manche Plätze waren Hallen riesenhafter Thermenbauten, andere waren Rennbahnen oder das Innere untergegangener Theater. In der Enge mittelalterlicher Städte wurden die Plätze eifersüchtig gehütet; sie waren der öffentliche Reichtum. Heute sind die Mauern der Stadt gefallen; wie Krebsgeschwüre fressen sich Wohnquartiere und Gewerbebauten in die Landschaft. In diesen Zonen der Stadt kann man vergessen, daß sie ein organisches Gebilde war, das um einen Platz herum entstanden ist.

Manchmal ist es fast erschreckend, in das Spannungsfeld eines alten Platzes zu treten. In der Nacht kehren die Ansprüche der Geschichte zurück; dem gilt es standzuhalten. Jedes der hochragenden Gebäude spricht von einer anderen großen Epoche, und es ist, als ob sich im Schutz seines Schattens Tausende von toten Seelen versammeln, die zu anderen Zeiten ihr Leben auf dem Platz und in den Proportionen seiner Ordnung geführt haben. In Italien kann der Druck der Geschichte schwer auf der Gegenwart lasten. Viel mehr als in Deutschland haben die italienischen Regionen die Chance der politischen Zersplitterung zu nutzen verstanden. Viele der italienischen Teilstaaten waren politische, fast alle waren für eine Zeit wirtschaftliche und künstlerische Großmächte. Venedig und der Kirchenstaat haben in manchen Jahrhunderten eine größere weltpolitische Rolle gespielt, als sie dem vereinten Italien Garibaldis je zugefallen ist. Die Plätze Italiens sind die Triumphe des Partikularismus: höchste Kraftentfaltung und Formgebung im Wettkampf der kleinen und kleinsten Staaten, die das Geheimnis besaßen, provinzial, nicht aber provinziell zu sein.

Wie weit ist diese Welt von uns weggerückt! Die leeren Plätze gleichen archäologischen Ausgrabungen, die schroff und nackt, des schützenden Erdkleids beraubt, unversöhnlich in das Licht einer Zeit gehoben sind, das die Nacht in gespensterhafte Helle taucht. Italiens Gabe, die Vergangenheit im alltäglichen lebendig zu erhalten, scheint auf einmal verschwunden.

IV.

Nachts werden die Plätze Italiens zu magischen Räumen. Wir sehen die Plätze mit den Augen der großen Maler, die seit der Renaissance den Platz als Manifestation des Unwirklichen begriffen haben. Von der Perspektive werden die bunten Platten, mit denen er ausgelegt ist, sein Marmorpflaster, immer flacher zusammengedrückt; kaum vermag das Auge dem sich immer enger zusammenschiebenden Liniengeflecht zu folgen. Der Platz ist leer, aber seine Leere wird durch einige Gestalten erst richtig sichtbar, die weit entfernt voneinander wie Ballettfigurinen in kostbar exzentrischen Kostümen und steilen Turbanen traumverloren komplizierte Stellungen einnehmen und sich gegenseitig nicht zu sehen scheinen. Ein Mann in violetten Strumpfhosen und mit geschlitzten Ärmeln führt an einer Leine ein Gürteltier spazieren. Eine Dame in zipfeliger Tracht hält einen dünnen Stab in der Hand und ist von den Fluchtlinien der Perspektive, die sie wie straff aufgezogene Saiten umspannen, offenbar gehindert, noch einen einzigen Schritt zu tun. Ein Pfau ist entschlossen, in der festgefügten Steinwüste zu verhungern; er ist aus seinen vertrauten Lebensbezügen für immer ausgetreten. So bevölkert Carpaccio seine Plätze; aber auf der berühmten Vedute in Urbino, die oft mit Piero della Francesca in Verbindung gebracht wird, ist überhaupt kein beseeltes Wesen zu sehen: eine wohlgeordnete Republik aus Häuserkuben, Tonnen und Zylindern, ein raumbildendes Stilleben aus Architektur.

Italien hat die schönsten Plätze, von denen jeder eine unverwechselbare Individualität besitzt und fest in der Region und der Geschichte verwurzelt ist, aber die Künstler dieses Landes haben zugleich immer von Plätzen geträumt, die nur in der Phantasie zu Hause sind: Idealplätze, wie sie niemals gebaut werden, Plätze ohne Geschichte und vielleicht sogar ohne dahinterliegende Städte. Diese Plätze bilden den Innenraum der Seele. Die Luft, die sie erfüllt, verschafft dem Atmenden ein unbestimmtes Gefühl der Spannung, sogar der Angst. Die langen Schatten, die über diese Plätze fallen, sind eine nicht zu entschlüsselnde Schrift, ein Menetekel, das auf die weite Fläche wie auf eine Tafel geschrieben wird. Der einzige Bewohner des Platzes ist ein Denkmal aus weißem Stein. Wie schrecklich wäre es, wenn die Statue plötzlich ihren Mund bewegte, um ein Wort zu sagen.

Giorgio de Chirico ist der Erbe dieser magischen Platzlandschaften. In einem künstlichen Renaissancestädtchen, Sabionetta, das tatsächlich einmal nach den Phantasien der Künstler gebaut wurde und deshalb heute einen Inbegriff der Leblosigkeit darstellt, sah er die Fluchten der Arkaden, die sich zum Hintergrund hin verjüngten, er sah die Schatten, die Leere, die Ausgestorbenheit, die Reinheit des verlassenen städtischen Raums, und er machte diesen Raum zur Metapher seiner Rätselwelt. Die *piazza metafisica* gehört seitdem fest zur Vorstellungswelt der Italienreisenden, die darin wetteifern, das Urbild der berühmten ikonographischen Formel irgendwo in einer kleinen Stadt auf der Reise wiederzuentdecken. In nächtlichem Violett liegen die Himmel de Chiricos bedrohlich strahlend über den hart ausgeleuchteten Plätzen, auf denen ein Mädchen wie hypnotisiert einem sich in seinem Schattenbild verdoppelnden Reifen nachläuft. Dieser Lichteffekt ist nicht so selten in einer nächtlichen italienischen Stadt. Und mitten in der Stille erhebt sich auch häufig ein Denkmal, ein Held des Risorgimento mit zerknitterten, über den Schuhen gestauten Hosenbeinen, einem geöffneten Gehrock, der die

Weste mit Knöpfchen, Uhrkette und Berloquen sehen läßt, einem vom Bildhauer gekämmten Garibaldibart, der den Kragen verdeckt, und einer Zornesfalte über der Nasenwurzel. Schatten und Vogeldreck geben der Statue ein härteres Schwarzweiß. Ein Torso von Chirico aus einer Nähmaschine und einem Klavier wirkte dagegen beinahe wie ein lebendiger Mensch.

Undine Gruenter
Vertreibung aus dem Labyrinth
Roman

Vier Deutsche in Paris. Der mäßig erfolgreiche Schriftsteller Blok
und drei Frauen verfangen sich in einer Ménage á quatre, in der
sich, wie in einem Kaleidoskop, die Konstellationen unentwegt
verschieben. Mit Franziska lebt er, mit Fanny hat er ein Verhält-
nis, und Fernanda liebt er. Gefangen in einem unentwirrbaren
Geflecht von Verlangen, Abhängigkeit und tiefer Kränkung, ver-
letzten sie gleichermaßen die Konventionen wie die Gefühle der
anderen. Es beginnt ein Reigen, der bald so manch schonungslose
Wahrheit über die Grausamkeit der Liebe aufdeckt.
Ein meisterlicher Liebesroman von der Autorin des Bestsellers
Sommergäste in Trouville.

»Was Undine Gruenter vor allem kann, ist Stimmungen lebendig
machen.«   Marcel Reich-Ranicki

»Undine Gruenter war eine der eigenständigsten, betörendsten
und klügsten Autorinnen der deutschen Gegenwartsliteratur.«
                            Neue Zürcher Zeitung

Berliner Taschenbuch Verlag